KB211896

고엔카의 위빳사나 명상
자유에 이르는 삶의 기술

고엔카의 위빳사나 명상
: 자유에 이르는 삶의 기술

1판 1쇄 발행 2017. 7. 12.
1판 9쇄 발행 2024. 12. 1.

지은이 윌리엄 하트
옮긴이 담마코리아

발행인 박강휘
편집 태호 | 디자인 홍세연
발행처 김영사
등록 1979년 5월 17일(제406-2003-036호)
주소 경기도 파주시 문발로 197(문발동) 우편번호 10881
전화 마케팅부 031)955-3100, 편집부 031)955-3200 | 팩스 031)955-3111

이 책의 한국어판 저작권은 저작권사와 독점 계약한 김영사에 있습니다.
저작권법에 의해 한국 내에서 보호를 받는 저작물이므로 무단전재와 무단복제를 금합니다.

값은 뒤표지에 있습니다. ISBN 978-89-349-7848-0 03200

홈페이지 www.gimmyoung.com   블로그 blog.naver.com/gybook
인스타그램 instagram.com/gimmyoung   이메일 bestbook@gimmyoung.com

좋은 독자가 좋은 책을 만듭니다.
김영사는 독자 여러분의 의견에 항상 귀 기울이고 있습니다.

이 도서의 국립중앙도서관 출판시도서목록(CIP)은 서지정보유통지원시스템 홈페이지
(http://seoji.nl.go.kr)와 국가자료공동목록시스템(http://www.nl.go.kr/kolisnet)에서
이용하실 수 있습니다.(CIP제어번호 : CIP2017015598)

고엔카의
위빳사나 명상

자유에 이르는 삶의 기술

윌리엄 하트 지음
담마코리아 옮김

김영사

나는 사람들이 한 종교에서 다른 종교로 바꾸기를 바라지 않습니다. 나는 어떤 조직화된 종교에도 관심이 없습니다. 나의 관심은 진리, 즉 깨달으신 분의 가르침에 있습니다. 그러나 바꿔야 하는 것이 있습니다. 그것은 바로 고통을 행복으로, 불순함을 순수함으로, 속박을 자유로, 무지를 깨달음으로 바꾸는 것입니다.

— 고엔카 S.N. Goenka

● 일러두기
이 책의 빠알리_{pāli}어 발음 표기는 한국불교학회의 불교학술용어 표준화안을 따랐습니다.

서문

저는 위빳사나 명상이 제 삶에 가져온 변화에 끝없는 감사를 느낍니다. 처음 이 명상법을 배웠을 때 저는 마치 사방이 꽉 막힌 미로에서 헤매고 있다가 마침내 지름길을 찾아낸 것과 같은 느낌을 받았습니다. 그 후 수년간 저는 이 길을 걸어왔고, 매 걸음을 걸을 때마다 그 목표지점은 분명해졌습니다. 그것은 모든 고통으로부터의 자유, 완전한 깨달음입니다. 제가 그 마지막 지점에 다다랐다고 주장할 수는 없습니다. 그러나 이 길이 곧바로 그곳을 향하고 있다는 점에 대해 추호의 의심도 없습니다.

이 길을 제게 보여주신 우 바 킨Sayagyi U Ba Kin 선생님과 이 명상법을 붓다의 시대로부터 오늘날까지 천년 넘게 지켜오신 일련의 스승님들께 늘 감사의 마음을 가지고 있습니다. 저는 그분들을 대신해서, 다른 이들에게 이 길을 걷도록, 그래서 고통에서 벗어나는 방법을 찾을 수 있도록 격려하고 있습니다.

비록 수많은 사람이 위빳사나를 배웠지만, 지금까지 이 전통의 위빳사나 명상법을 이토록 자세하고 정확하게 설명하는 책은 아직 없었습니다.

이 책이 위빳사나 명상을 수행하는 분들에게는 이해를 깊게 해 주고, 다른 분에게는 이 명상법을 시도해 보도록 격려하여, 그분들이 자유의 행복을 느낄 수 있도록 돕기를 바랍니다. 이 책을 읽는 모든 분이 이 삶의 기술을 배워 내면의 평화와 조화를 찾고, 다른 이들을 위해 평화와 조화를 퍼뜨릴 수 있기를 바랍니다.

모든 존재가 행복하기를!

-S.N. 고엔카

봄베이에서 1986년 4월

머리말

현재 존재하는 이 세상의 수많은 명상법 중에서 고엔카 선생님이 가르치는 위빳사나 명상법은 아주 특별합니다. 이 명상법은 간단하고 논리적인 방법으로 진정한 마음의 평화를 얻게 함으로써 행복하고 보람찬 삶을 살게 해줍니다. 미얀마의 불교공동체에서 오랫동안 유지되었던 위빳사나 명상법은 그 자체로서 어떠한 종파적 성격도 갖고 있지 않으며, 따라서 어떤 배경을 가진 사람이라도 받아들이고 수행할 수 있습니다.

고엔카 선생님은 예전에 기업가로 활동했고 미얀마의 인도 공동체의 리더였습니다. 보수적인 힌두교 집안에서 태어난 그는 젊은 시절부터 심각한 두통에 시달렸습니다. 두통을 치료하려고 온갖 방법으로 약을 찾다가 1955년에 공적으로는 공무원, 사적으로는 위빳사나 명상 지도자로 활동하던 사야지 우 바 킨 님을 만나게 되었습니다. 우 바 킨 님으로부터 위빳사나를 배우면서, 고엔카 선생님은 단순히 육체적 고통을 완화하는 것을 훨씬 뛰어넘어 문화와 종파의 장벽을 초월하는 수행법을 발견했습니다. 스승 밑에서 계속 수행과 공부를 하면서 위빳사나는 점점 그의 삶을 완전히 변모시켰습니다.

1969년 우 바 킨 님에 의해 고엔카 선생님은 명상 지도자로 공인되었습니다. 그해 그는 위빳사나가 생겨난 인도로 와서 그곳에서 위빳사나를 가르치기 시작했습니다. 아직 카스트제도와 종교 때문에 날카롭게 분열된 나라에서, 고엔카 선생님의 코스는 다양한 배경을 가진 수천 명의 마음을 이끌었습니다. 수천의 서양인 또한 이 명상법의 유익함에 이끌려 위빳사나 코스에 참여했습니다.

위빳사나의 유익함은 바로 고엔카 선생님을 보면 알 수 있습니다. 그는 매우 실용적인 분으로, 평범한 일상생활을 하고 있으며 각 상황에 기민하게 대처합니다. 단, 그 모든 상황에서 그는 탁월한 평정심을 유지합니다. 평정심과 함께 다른 이들을 위한 깊은 자애심, 누구와도 공감할 수 있는 능력이 있습니다. 그러나 그에게서 근엄한 태도는 찾아볼 수 없습니다. 그는 매력적인 유머감각을 가지고 가르칩니다. 코스 참가자들은 그의 미소, 웃음소리, 그리고 그가 자주 말하는 모토인 "행복하세요Be happy!"를 오랫동안 기억합니다. 확실히 위빳사나는 그에게 행복을 가져다주었고, 그는 자신에게 훌륭한 결과를 가져다준 이 명상법을 소개함으로써 다른 이들과 그 행복을 나눌 수 있기를 간절히 바랍니다.

고엔카 선생님은 사람을 강하게 끌어당기는 존재감으로 제자들에게 큰 가르침을 주지만, 구루가 되어 제자들을 로봇처럼 만들기를 원하지 않습니다. 대신에 그는 스스로를 책임지는 것에 대해 가르칩니다. 그는 위빳사나를 삶에 적용하는 것이야말로 진정한 위빳사나 수행의 시험이라고 말합니다. 그는 수련생들에게 자신을 흠모하면서 공경을 표하고 있지 말고, 밖으로 나가 세상 속에서 행복하게 살아가라고 말합니다. 그는 자신에게 바치는 기도나 헌신의 표현은 모두 금하고, 대신에 제자들이 그 명상법, 그들 스스로가 내면에서 찾아내는 진리에 헌신하도록 이끕니다.

미얀마에서는 전통적으로 명상을 가르치는 것이 불교 수도승들의 특권으로 여겨집니다. 그러나 그의 스승처럼, 고엔카 선생님은 재가자이자 대가족의 가장입니다. 그럼에도 그의 가르침의 명료함과 이 명상법의 효과는 그의 지도하에 코스에 참가한 미얀마와 인도, 스리랑카의 여러 고승에게 인정을 받았습니다.

고엔카 선생님은 위빳사나의 순수함을 유지하기 위하여 명상은 절대로 사업이 되어서는 안 된다고 말합니다. 그의 지시하에 관리되는 코스와 센터는 모두 비영리로 운영됩니다. 고엔카 선생님은 직접적으로든 간접적으로든 봉사에 대한 어떤 대가도 받지 않으며, 자신을 대신하여 코스를 지도하도록 인가한 보조법사들 또한 마찬가지입니다. 그는 순수하게 인류에 대한 봉사로, 도움이 필요한 이들을 돕기 위해서 위빳사나를 나누고 있습니다.

고엔카 선생님은 인도뿐만 아니라 서양에서도 인정받는 인도의 몇 안 되는 영적 지도자 중 한 명입니다. 그러나 그는 위빳사나에 대한 관심이 입에서 입으로 전파되기를 선호했을 뿐, 언론의 관심을 추구한 적은 한 번도 없습니다. 그는 단순히 명상에 대한 글을 쓰는 것보다 실제 명상 수행이 중요하다는 것을 항상 강조합니다. 그가 업적에 비해 덜 알려져 있는 것은 이런 이유입니다. 이 책은 처음으로 그의 지도와 인가를 받아 그의 가르침에 대한 자세한 내용을 담은 책입니다.

이 작업을 하면서 주로 참고한 자료는 위빳사나 10일 코스에서 고엔카 선생님이 한 저녁 강의와 그가 영어로 쓴 글*의 일부입니다. 저는 이 자료들을 자유롭게 사용했습니다. 논의에 대한 부분과 특정한 요점의 구성뿐만 아니라, 강의에 나오는 예와 어구, 문장 전체를 인용했습니다. 그의 위빳사나 명상 코스에 참가했던 사람이라면 이 책의 많은 내용이 익숙할 것입니다. 심지어 어느 부분이 며칠째 강의에 나오는지도 구분할 수 있을 겁니다.

코스에서는, 참가자들이 명상 중에 겪는 경험에 관해 각 단계마다 선생님의 설명이 있습니다. 이 책에서는 위빳사나 명상을 해본 적 없이 책만 읽는 분들을 위해 위빳사나 명상에 대한 설명을 재구성했습니다. 또한 위빳사나를 실제로 경험하는 것과 같이, 즉 시작

---

* 윌리엄 하트,《고엔카의 위빳사나 10일 코스》, 담마코리아 역, 김영사, 2017. 7.

부터 최종 목표까지 끊어짐 없이 흐르는 논리적 연속성을 느낄 수 있도록 노력했습니다. 서로 연관된 전체 내용은 위빳사나 수행자에게 가장 쉽고 명백할 것이며, 명상을 하지 않는 분들도 위빳사나 명상을 할 때 이해하게 되는 가르침을 조금이나마 맛볼 수 있도록 했습니다.

어떤 부분에서는 고엔카 선생님의 가르침을 더욱 생생하게 전달하고자 일부러 구어를 그대로 실었습니다. 장章 사이의 이야기나, 각 장 뒤의 질의응답, 코스 도중 학생과 나눈 실제 대화나 개인 인터뷰에서 말입니다. 이야기 중 일부는 붓다의 일생 중 일어난 일에서, 일부는 풍부한 인도의 민간설화에서, 나머지는 고엔카 선생님의 개인적 경험에서 가져온 것입니다. 모두 고엔카 선생님이 자신의 방식으로 이야기했는데, 원래 이야기를 윤색하려고 한 것이 아니라, 그저 명상 수행과의 관련성에 중점을 두어 새로운 관점에서 전하려고 한 것입니다. 이 이야기들은 위빳사나 코스의 진지하고 딱딱한 분위기를 누그러뜨리고, 위빳사나 가르침의 핵심을 기억하기 쉽게 설명하여 영감을 줍니다. 10일 코스 동안 그런 많은 이야기를 들었지만, 그중 일부만 골라 책에 실었습니다.

인용문들은 붓다의 말씀을 기록한 책 중 가장 오래되고 널리 인정된 법문집 숫따 삐따까Sutta Pitaka **에서 가져온 것인데, 이것은 남

** 숫따 삐따까Sutta Pitaka는 빠알리어 불경 중 경전을 모은 법문집으로, 띠삐따까Tipitaka 중

방불교 국가들의 고대 언어인 빠알리Pāli어로 보존되어 온 것입니다. 문체를 일관성 있게 하기 위해서, 인용된 문구들은 모두 새롭게 번역하려고 했습니다. 이 과정에서 가장 뛰어난 현대적 해설서들을 참고했습니다. 그러나 이 책은 전문적인 책은 아니므로, 빠알리어를 번역하는 데 있어 글자 그대로 번역하는 정확성을 추구하지는 않았습니다. 대신 저는 각 인용문들이 명상 경험의 측면에서 위빳사나 명상가들에게 드러나는 의미를 쉬운 말로 전달하려 했습니다. 어떤 단어나 문장의 번역이 비정통적일지 모르나, 바라건대, 의미에 관해서라면 본문은 원본의 요지를 정확히 따르고 있습니다.

일관성과 정확성을 위해서 책 속의 불교용어는 그중 일부가 산스크리트어로 된 것이 더 친숙하더라도 빠알리어로 적었습니다. 예를 들어 산스크리트어 다르마dharma 대신 빠알리어 **담마**dhamma, 카르마karma 대신 **깜마**kamma, 니르바나nirvāṇa 대신 **닙바나**nibbāna, 삼스카라saṃskara 대신 **상카라**saṅkāra를 사용했습니다. 이해를 돕기 위해 빠알리어 단어에 영어식으로 s를 덧붙여 복수 표기를 했습니다. 전반적으로 불필요한 어려움을 주지 않도록 빠알리어 단어들은 최

두 번째 묶음이다. 숫따 삐따까는 경의 길이에 따라 5개로 나뉘어 있어 5부, 즉 니까야Nikāya라고도 한다. 《쿳다까 니까야Khuddaka Nikāya》를 제외한 4부 니까야, 즉 《디가 니까야Dīgha Nikāya》, 《맛지마 니까야Majjhima Nikāya》, 《상윳따 니까야Saṃyutta Nikāya》, 《앙굿따라 니까야Aṅguttara Nikāya》는 우리나라에서 《아함경》으로 불리기도 한다. 띠삐따까에 대해서는 '빠알리 용어사전'을 참조할 것.

소한으로 사용하려 했습니다. 그러나 영어로 간단히 표현할 수 없는 서구 사고방식과 친숙하지 않은 몇몇 특정 개념들을 빠알리어로는 효율적이고 쉽게 전달할 수 있습니다. 이런 이유로, 긴 영어 구절로 표현하기보다 빠알리어를 쓰는 것이 더 나아보이는 경우도 있었습니다. 굵게 표기된 빠알리어의 뜻은 이 책 맨 뒤의 용어사전에 나와있습니다.

인종, 계급, 성별에 상관없이 누구나 위빳사나 수행을 하면 동일한 혜택을 받습니다. 위빳사나의 이 보편적 성격에서 벗어나지 않기 위하여, 성차별적인 단어는 안 쓰려고 노력했습니다. 그러나 때로는 대명사 '그he'라는 단어를 불특정 다수를 지칭하기 위해 사용했습니다. 그렇다고 해서 여성을 제외하거나 부당하게 남성을 우월하게 하려는 의도는 없습니다. 그런 편협함은 위빳사나의 가르침과 정신에 완전히 어긋나는 것이기 때문입니다.

이 프로젝트를 도와주신 많은 분께 감사드립니다. 특히 바쁜 일정에도 시간을 쪼개어 책을 검토해 주시고, 제가 이 책에 나오는 길의 처음 몇 발자국을 걷도록 이끌어주신 고엔카 선생님께 깊이 감사드립니다.

엄밀히 말해서, 이 책의 진정한 저자는 고엔카 선생님입니다. 저의 목적은 그저 그분이 전파하신 붓다의 가르침을 그대로 보여드리는 것이기 때문입니다. 이 작업의 공덕은 그분의 것입니다. 오류가 있다면 그것은 모두 제 잘못입니다.

소개

당신이 10일 동안 조용하고 호젓한 곳에서 온갖 소란스러움으로
부터 벗어나 모든 세속적 책임으로부터 자유로워질 수 있는 기회
가 주어졌다고 합시다. 이 장소에서는 기본적인 숙식이 제공될 것
이고, 봉사자들은 당신이 편안한지 정성으로 살필 것입니다. 그 대
가로 당신은 꼭 필요한 경우 외에는 깨어있는 모든 시간에 눈을 감
고 정해진 대상에 마음을 집중해야 합니다. 이 제안을 받아들이겠
습니까?

그런 기회가 존재한다는 것을 단순히 들어보기만 했다고 합시
다. 그리고 당신 같은 사람들이 휴가를 이런 방식으로 보내기를 기
꺼이 원하는 정도를 넘어 간절히 바란다는 것을 들었다고 가정해
봅시다. 당신은 그들의 활동을 뭐라고 표현하겠습니까? 배꼽 바라
보기, 혹은 묵상, 현실도피 혹은 영적 은둔, 자아도취 혹은 자기반

성, 내향성 혹은 자기성찰이라고도 대답할 수 있겠지요. 그 표현이 부정적이든 긍정적이든, 명상에 대한 일반적 통념은 속세에서 벗어난다는 것입니다. 물론 그런 방식으로 해야 하는 수행법도 존재합니다. 그러나 명상이 현실도피가 될 필요는 없습니다. 오히려 이것은 세상과 자신을 마주 보고 이해하도록 도와주는 도구가 될 수도 있습니다.

모든 사람은 진정한 세상이란 외부에 있으며, 사는 것은 외부적 실제와 접하며, 외부로부터 육체적·정신적 입력을 추구하면서 살아가는 것이라고 믿습니다. 우리 대부분은 내면에서 어떤 일이 일어나는지 알아보기 위해 외부 접촉을 끊는다는 생각을 한 번도 해본 적이 없습니다. 그렇게 한다는 생각은 아마 텔레비전의 조정화면을 몇 시간 동안 쳐다보라고 하는 것처럼 들릴 것입니다. 우리는 우리 내면에 숨겨진 심오한 것보다 차라리 달의 반대편이나 바다 밑바닥을 연구하는 쪽을 선택할 겁니다.

그러나 실제로 우리가 몸과 마음으로 경험할 때만 우주는 한 명한 명에게 각자 존재합니다. 우주는 딴 곳에 있는 것이 아니라 항상 여기, 지금 존재합니다. 우리는 자신의 '지금 여기에 있음'을 탐구함으로써 비로소 세상을 탐구할 수 있습니다. 내면세계를 연구하지 않고서는 절대 현실을 알 수 없습니다. 우리는 그저 현실에 대한 우리의 믿음 혹은 지적인 개념만 알 것입니다. 그러나 스스로를 관찰하면서, 우리는 현실을 직접적으로 알게 되고, 그것을 긍정적이고 창의적으로 다루는 법을 배울 수 있습니다.

내면세계를 탐구하는 한 가지 방법은 고엔카 선생님이 가르치는 위빳사나 명상을 하는 것입니다. 이것은 우리 몸과 마음의 현실을 탐구하고, 심신에 숨겨져 있는 문제를 발견하고 해결하며, 미처 몰랐던 잠재력을 계발하여, 자신과 다른 이들의 유익함을 위해 사용할 수 있게 하는 실용적인 방법입니다.

위빳사나 Vipassanā는 고대 인도의 빠알리어로 '통찰력 insight'이란 뜻입니다. 이것은 붓다의 가르침의 핵심, 그분께서 말씀하신 진리의 실제적 경험입니다. 붓다께서는 명상 수행을 통해 그것을 경험하셨고, 따라서 그분께서 주로 가르치신 것은 명상이었습니다. 그분의 말씀은 자신의 명상 경험의 기록이자, 그분이 성취한 목적, 즉 진리의 체험을 달성하기 위한 수행법의 자세한 가르침이었습니다.

이 정도는 많은 사람이 알고 있습니다. 하지만 붓다께서 말씀하신 명상법을 어떻게 이해하고 수행해야 하는지에 대한 문제가 남아있습니다. 그분의 말씀이 진위로 인정받은 문자로 남아있다 하더라도, 명상법에 대한 해석은 실제 수행을 해보지 않으면 이해하기 어렵습니다.

그러나 만약 붓다가 설명한 바로 그 결과를 가져오는 명상법을 알려지지 않은 사람들이 대를 이어 지켜왔다면, 그리고 그 명상법이 붓다가 설하신 명상법과 일치하고, 오랫동안 불명확했던 설명의 부분들을 밝혀준다면, 그 명상법은 분명 연구할 가치가 있습니다. 위빳사나가 바로 그런 명상법입니다. 이 명상법은 단순하고, 종파적 교리가 없는 데다, 특히 명상을 통해 얻게 되는 결과를 볼 때 아주 대단한 것입니다.

위빳사나 명상은 10일 코스에서 배울 수 있는데, 진지하게 배우고자 하는 뜻이 있고, 배우기에 적절한 몸과 마음을 가진 사람이라면 누구든 참가할 수 있습니다. 10일 동안, 참가자들은 외부 세상과의 접촉을 끊고 코스가 진행되는 장소 내에 머물러야 합니다. 참가자들은 지시사항을 정확히 따르면서, 읽고 쓰기를 삼가고 모든 종교적 행동이나 다른 수행도 중지해야 합니다. 코스 기간 내내, 참가자들은 금욕을 지킬 것과 모든 중독 물질을 금하는 것을 포함한 기본적인 도덕 규율을 따라야 합니다. 또한 첫 9일 동안은 참가자들끼리 말을 해서는 안 됩니다. 다만 명상과 관련된 문제는 선생님께, 생활에 관한 문제는 봉사자들에게 얘기할 수 있습니다.

첫날부터 4일째 오전까지 참가자들은 집중력을 키우는 훈련을 합니다. 이는 4일째 오후부터 배우게 되는 위빳사나를 제대로 수행하기 위한 준비단계입니다. 그 이후의 명상법은 매일 단계별로 안내되어 코스 마지막 날에는 명상법 전체가 윤곽을 드러냅니다. 10일째 날에는 침묵이 해제되고, 더 외향적인 방식의 삶으로 돌아가기 위한 준비를 합니다.

10일의 경험 중 수련생들이 놀라게 되는 일이 꽤 있을 것입니다.

우선 명상이 어려운 일이라는 것입니다! 명상은 게으른 것이며 휴식이라는 일반적 생각은 명상을 시작하면서 곧 오해라는 것을 알게 될 것입니다. 정신을 의식적으로 특정한 방식으로 제어하려면 계속 전심전력을 다해야 합니다. 가르침은 긴장감을 일으키지 않으면서도 모든 노력을 다해서 수행하도록 하기 위한 것입니다만, 어떻게 하는지 배우기 전까지는 이 훈련을 하면서 좌절감을 느낄 수도 있고, 심지어는 몹시 지칠 수도 있습니다.

또 다른 놀라움은 자기관찰을 통해 얻은 통찰들이 모두 유쾌하거나 더없이 행복한 것은 아니라는 점입니다. 보통 우리는 스스로를 매우 선별적으로 바라봅니다. 거울을 볼 때, 우리는 가장 돋보이는 자세를 취하고 제일 멋져 보이는 표정을 짓습니다. 마찬가지로 우리 각자는 평소에 성격 전체 중 자신의 장점은 최대화하고, 단점은 최소화하며, 어떤 면들은 아예 빼고 만들어낸 자신에 대한 이미지를 마음속에 가지고 있습니다. 이때 우리는 현실이 아니라 보고 싶은 이미지를 봅니다. 그러나 위빳사나 명상은 현실을 모든 각도에서 관찰하는 기술입니다. 위빳사나 수련생은 자신이 어떠하다는 엄선된 이미지보다, 있는 그대로의 진리를 마주합니다. 어떤 면들은 받아들이기 어렵기도 하지요.

때로는 명상을 하면서 내면의 평화가 아니라 내면의 요동만 발견하는 것처럼 생각될 수도 있습니다. 코스의 모든 것이 아무 효과가 없는 것같이 보이고 이해가 안 될 수도 있습니다. 꽉 짜인 일정,

시설, 규율, 명상법 지도와 선생님의 조언, 명상법 그 자체가 말입니다.

하지만 또 다른 놀라운 점은 그 어려움들이 곧 사라진다는 것입니다. 어느 순간부터 수련생들은 애쓰지 않고도 노력하는 법, 편안하면서도 기민함을 유지하며 집착하지 않고도 열중하는 법을 배우게 됩니다. 기를 쓰며 분투하는 대신에, 수련생들은 점점 수행에 몰두하게 됩니다. 시설의 불편함은 이제 그리 중요해 보이지 않습니다. 규율은 명상을 도와주며, 시간은 알아차릴 새도 없이 빨리 지나갑니다. 마음은 새벽의 산속 호수처럼 고요해집니다. 주변 경관을 모두 비추면서도 가까이 들여다보면 물속 깊은 곳까지 볼 수 있는 그런 호수 말입니다. 이런 청명함이 생기면, 모든 순간은 확신과 아름다움, 평화로 충만해집니다.

따라서 수련생은 이 명상법이 실제로 효과가 있음을 알게 됩니다. 수행법의 매 단계가 매우 어려운 것처럼 보이지만, 자신도 할 수 있음을 발견합니다. 10일 코스가 끝날 때쯤이면 코스 첫날부터 얼마나 긴 여정을 떠나왔는지 확실히 알게 됩니다. 수련생들은 고름이 가득한 상처를 가르는 수술과 같은 과정을 거쳤습니다. 고름을 없애기 위해 상처를 가르고 짜내는 것은 고통스럽지만, 그렇게 하지 않으면 그 상처는 영원히 치료될 수 없습니다. 일단 고름이 제거되면, 그 환자의 상처는 치유되고 그 상처로 인한 고통도 없어져 완전한 건강을 되찾게 됩니다. 이와 같이 10일 코스를 하면서 수련생들은 마음속 긴장감을 일부 제거하고 더 큰 정신적 건강을 얻게 됩니다. 수련생들은 코스 도중에 얻은 모든 정신적 힘과 가르침을 일상 속에서 나와 남의 유익함을 위해 사용할 수 있음을 알게 됩니다. 삶이 더욱 조화롭고 풍요로우며 행복하게 됩니다.

고엔카 선생님이 가르치는 위빳사나 명상법은 미얀마의 사야지 우 바 킨Sayagyi U Ba Khin 님으로부터 가르침을 받은 것입니다. 우 바 킨 님은 20세기 초에 유명한 명상 스승이었던 사야 우 텟Saya U Thet 님으로부터 위빳사나를 사사했습니다. 사야 우 텟 님은 19세기 말 20세기 초 유명한 미얀마의 학자이자 승려였던 레디 사야도Ledi Sayadaw 님의 제자였습니다. 그 이전 스승들에 대한 기록은 찾아볼 수 없지만, 붓다의 가르침이 처음 미얀마로 전해진 고대로부터 대를 이어 위빳사나 명상법을 지켜온 스승들에게 레디 사야도 님이 이 명상법을 배웠다고, 위빳사나 수행자들은 믿고 있습니다.

이 명상법은 붓다가 설하신 명상 지도법과 단순명료하게 글자 그대로 일치합니다. 가장 중요한 것은 그 결과가 유익하고 구체적이며 즉시 몸소 체험할 수 있다는 점입니다.

이 책은 위빳사나 명상을 혼자서 할 수 있게 도와주는 설명서가 아닙니다. 이 책을 그런 방식으로 사용하는 사람이 있다면 그 위험은 온전히 자신의 몫입니다. 이 명상법은 오직 수련생들을 위한 적절한 환경이 갖추어진 곳에서, 지도 자격을 갖춘 사람이 있는 코스에 참가해서 배워야 합니다. 명상은 중대한 일입니다. 특히 마음 깊은 곳까지 다루는 위빳사나 명상의 경우 더욱 그렇습니다. 이 명상법을 가볍게 별 생각 없이 시도해서는 절대 안 됩니다. 이 책을 읽고 위빳사나를 하고 싶다는 생각이 든다면 이 책 날개의 연락처를 보고 언제 어디서 코스가 운영되는지 알아보면 됩니다.

이 책의 목적은 오직 고엔카 선생님이 가르치는 위빳사나 명상법의 간략한 내용을 알리는 것입니다. 이 책이 붓다의 가르침과 그 핵심인 명상법을 더 깊이 이해하는 데 도움이 되기를 바랍니다.

수영학

어느 날 젊은 교수가 항해를 하고 있었다. 그는 자신의 이름 뒤에 한참 긴 호칭이 따라붙을 만큼 고등교육을 많이 받았지만, 인생 경험은 별로 없는 사람이었다. 그가 타고 있는 배에는 글을 모르는 늙은 선원이 있었다. 그 선원은 매일 저녁 젊은 교수의 선실에 가서 그가 여러 주제에 대해 장황하게 하는 말을 듣곤 했다. 그는 이 젊은 교수가 갖고 있는 지식에 무척 감탄했다.

어느 날 저녁, 몇 시간의 대화를 마치고 선원이 선실을 나오려는데 그 교수가 물었다. "노인장, 지질학을 공부한 적이 있소?"

"그게 뭡니까, 교수님?"

"땅에 관한 학문입니다."

"아니요, 교수님, 저는 학교나 대학 근처에는 가본 적도 없습니다. 전 뭘 공부해 본 적이 없어요."

"노인장, 당신은 인생의 사 분의 일을 낭비했군요."

늙은 선원은 우울한 얼굴로 나갔다. '저렇게 학식이 높은 사람이 그렇다고 말했으니까 틀림없는 사실이겠지'라고 그는 생각했다. '난 내 삶의 사 분의 일을 낭비했어!'

그다음 날 저녁 늙은 선원이 선실에서 나가려고 할 때, 또 그 교수가 물었다. "노인장, 해양학을 공부한 적이 있습니까?"

"그게 뭡니까, 선생님?"

"바다에 관한 학문입니다."

"아니요, 전 아무것도 공부해 본 적이 없습니다요."

"노인장, 당신은 인생의 반을 낭비했군요."

선원은 침울한 얼굴로 선실을 나왔다. '난 내 삶의 반을 낭비했어. 이렇게 똑똑한 양반이 그렇다고 하잖아.'

그다음 날 저녁, 또 그 젊은 교수가 늙은 선원에게 물었다. "노인장, 기상학을 공부한 적이 있는지요?"

"그건 또 뭡니까? 들어본 적도 없는뎁쇼."

"왜 그, 바람이나 비 같은 날씨에 관한 학문이 있잖습니까?"

"아니요. 저번에 말씀드렸듯이, 저는 학교에 가본 적이 없습니다요. 아무것도 공부한 적이 없다고요."

"당신은 자신이 살고 있는 땅에 관한 학문을 공부하지 않았어요. 생계를 유지하게 해주는 바다에 대한 학문에 대해서도 아는 것이 없고요. 또 매일 접하는 날씨에 대한 학문도 공부한 적이 없단 말입니까? 노인장, 당신은 인생의 사 분의 삼을 낭비한 거요.”

늙은 선원은 매우 우울했다. '이 똑똑한 사람이 내가 인생의 사 분의 삼을 낭비했다고 말했어! 난 틀림없이 인생의 사분의 삼을 낭비한 거야.'

그다음 날은 노인장의 차례였다. 그는 그 젊은이의 선실로 달려가 소리쳤다. “교수님, 수영학을 아십니까?”

“수영학이라니? 무슨 말이요?”

“선생님은 수영할 줄 아시냐고요?”

“아니, 수영할 줄 모르는데요.”

“아이고, 교수님은 지금 인생을 전부 낭비하신 거예요! 이 배가 암초에 부딪쳐서 가라앉고 있다고요. 수영할 줄 아는 사람은 가까운 뭍에 도착하겠지만 수영 못하는 사람은 물에 빠져 죽어요. 정말 유감입니다요, 선생님, 인생을 모조리 날리셨네요.”

세상의 모든 '-학'을 공부한다 하더라도, 수영학을 모르면 당신의 지식은 쓸데없는 것이다. 당신은 수영학에 대한 책을 읽고 쓸 수도 있다. 세부적인 이론을 주제로 토론할 수도 있다. 그러나 직접 물에 뛰어들려 하지 않는다면 이 모든 게 무슨 소용이 있단 말인가? 당신은 수영하는 방법을 배워야 한다.

chapter 1

탐색

"우리는 겉으로 보이는 것의 실제를 알아보는 법과
외면 너머의 것을 꿰뚫어보는 법을 배워야 합니다.
더 미세한 진리를 자각하고, 그러고 나서 궁극적 진리를 알아차리며,
마침내는 고통으로부터 자유로워지는 진리를
경험하기 위해서 말입니다."

우리 모두가 평화와 조화를 추구합니다. 이것들이 우리 삶 속에 부족하기 때문입니다. 우리는 모두 행복하길 원합니다. 행복을 추구하는 것을 인간의 권리로 여깁니다. 그러나 행복은 우리가 누리고 있기보다는, 열심히 노력해서 성취하려는 목표인 경우가 많습니다. 우리는 때로 불안, 짜증, 부조화, 고통 등의 불만족을 경험합니다. 지금 이 순간은 느끼지 않는다 하더라도, 그런 불행한 감정들때문에 괴로웠던 순간을 기억할 수 있고, 미래의 어느 순간에 또그런 일을 겪을 수 있다는 것을 압니다. 결국 인간이라면 모두 죽음의 고통을 대면해야 합니다.

개인적 불행은 우리에게만 한정되는 것이 아닙니다. 대신 우리는 계속해서 자신의 고통을 다른 사람들에게 퍼뜨립니다. 불행한사람 주변의 기운은 불쾌함으로 가득 차 격앙되어 있어서, 그 환경에 들어서는 사람은 누구나 똑같이 불쾌함과 불행함을 느끼게 될수 있습니다. 이런 식으로 한 사람의 심리적 긴장과 갈등은 사회적긴장과 갈등을 만들어냅니다.

불만족스러운 성질, 이것은 삶의 기본적인 문제입니다. 우리가바라지 않는 일이 일어납니다. 우리가 바랐던 일은 일어나지 않습니다. 그리고 우리는 이런 일들이 어떻게, 또 왜 일어나는지 모릅니다. 우리 자신의 시작과 끝을 모르는 것처럼 말입니다.

25세기 전 북北인도에서 이 문제, 인간의 고통에 대한 문제를 탐구하기로 마음먹은 사람이 있었습니다. 수년간 여러 가지 방법을연구하고 노력한 끝에, 그는 몸에서 일어나는 실제를 있는 그대로알아차리고 고통으로부터의 진정한 자유를 경험할 수 있는 법을알아냈습니다. 최고의 자유, 즉 고통과 모순으로부터의 자유를 얻고 난 후, 그는 사람들에게 스스로를 자유롭게 하는 길을 보여주면서, 그가 했던 것을 다른 사람들도 할 수 있도록 돕는 데 남은 생을바쳤습니다.

'깨달은 자', 붓다로 알려진 **싯다르타 고따마**Siddhattha Gotama는 자신은 단지 인간일 뿐이라고 말했습니다. 모든 위대한 스승들처럼, 그도 전설 속 주인공이 되었지만, 그의 과거나 기적 같은 능력에대한 어떤 놀라운 이야기에서도 그가 스스로를 신이라고 칭하거나신의 도움을 받았다고 주장한 것은 단 한 번도 찾아볼 수 없습니다. 그가 가진 모든 특별한 자질은 그가 완성한, 인간이 지닌 탁월한 자질들입니다. 그러므로 그가 노력한 대로 한다면 누구든 그가 성취한 것을 이룰 수 있습니다.

붓다는 어떤 종교나 철학, 조직화된 믿음도 가르치지 않았습니다. 그는 자신의 가르침을 **담마**Dhamma 즉 법, 자연의 법칙이라고 불렀습니다. 그는 교리나 쓸데없는 추측에는 관심이 없었습니다. 대신 그는 보편적인 문제에 대한 보편적이고 실질적인 해법을 제시했습니다. 그는 "예나 지금이나 나는 고통과 그 고통을 뿌리 뽑는 법을 가르친다"라고 말했습니다. 그는 고통으로부터 자유로워지는 길과 관계없는 것에 대해서는 말하는 것조차 거부했습니다.

그가 말하길, 이 가르침은 그가 만들어내거나 신의 계시로 받은 것이 아니라고 했습니다. 이것은 단지 스스로의 노력으로 발견해낸 진리, 실제일 뿐이라고 했습니다. 그 이전의 많은 사람이 발견했으며, 또 이후의 많은 이가 발견하게 될 것이라고 했습니다. 그는 진리는 자신이 독점하는 것이 아니라고 말했습니다.

그는 사람들의 믿음이나 그의 가르침이 지니는 명백한 논리성에도 불구하고, 자신의 가르침에 대한 어떤 권위도 주장하지 않았습니다. 반대로 그는 자신이 경험하지 않은 것은 무엇이든 의심해 보고 시험해 보는 것이 좋다고 말했습니다.

- 《상윳따 니까야》 XLIV. x. 2, 〈아누라다 숫따Anurādha Sutta〉. 상윳따samyutta는 '주제에 따라 묶인'이라는 뜻이다. 한역본으로는 《잡아함경》, 《별역잡아함경》 등이 있는데, 그 구성에서 차이가 있다.

단지 들었다고 해서, 예전부터 전해 내려온 것이라 해서, 일반적으로 받아들여지는 주장이라고 해서, 경전에 나와 있다고 해서 그것들을 다 믿지 말라. 무엇이든, 단순히 추측하거나, 결론에 그렇게 나왔다고 해서, 겉모습만 보고, 혹은 특정한 시각에 대한 편견을 가지고, 그럴 듯하게 들리니까, 혹은 스승이 그렇다고 하여 어떤 것을 진리로 받아들이지 말라. 그러나 네가 직접 "이 가르침은 유해하고 비난받아 마땅하며, 지혜로운 사람에 의해 비판받는다. 이 가르침을 받아 실천하면 해를 입고 고통을 겪는다"라는 것을 알아냈다면, 그때 너는 그 가르침을 버려야 한다. 그리고 네가 직접 "이 가르침들은 유익하고 비난할 점이 없으며, 지혜로운 자들이 칭송해 마지않는다. 이 가르침들을 받아들이고 실천하면 곧 행복을 얻게 된다"라는 것을 깨달았다면, 그 가르침들을 받아들이고 실천해야 한다.*

직접 경험하는 것이 가장 확실한 것입니다. 어떤 것도 믿음 하나만 가지고 받아들여선 안 됩니다. 그것이 논리적인지, 실용적인지, 유익한지 검토해 봐야 합니다. 이성적으로만 따져 지적으로 진짜라고 받아들이는 것은 충분하지 않습니다. 그 진리가 유익하다면, 우리가 그것을 직접 경험해야 합니다. 그리고 나서야 그것이 진짜

---

* 《앙굿따라 니까야》 III. vii. 65, 〈께사뭇띠 숫따Kesamutti Sutta (Kālāma Sutta)〉, iii, ix. 앙굿따라anguttara는 '부수에 따라 묶인'이라는 뜻이다. 한역본으로는 《증일아함경》이 있는데, 그 구성에서 차이가 있다.

임을 알 수 있습니다. 붓다는 항상 강조하기를, 당신은 직접 경험을 통해 얻은 지식만 가르쳤으며, 다른 이들도 그런 지식을 계발하라고, 스스로의 권위자가 되라고 격려했습니다. "각자가 섬이 되어라. 자신을 안식처로 삼아라. 진리를 섬으로 삼고, 진리를 안식처로 삼아라. 그 외에는 어떤 곳도 안식처가 될 수 없다."**

단 하나의 진정한 삶의 안식처이고, 단 하나의 밟고 설 수 있는 든든한 토대이며, 적절한 안내와 보호를 얻을 수 있는 가장 믿을 만한 유일한 의지처는 스스로 경험하고 확인한 진리, 담마, 자연의 법칙입니다. 그러므로 붓다는 항상 그의 가르침에서, 진리를 직접 경험하는 것에 가장 중점을 두었습니다. 그는 사람들이 자신의 진리를 깨닫고자 노력할 때 지침이 되도록, 자신이 경험한 것을 가능한 한 명확하게 설명했습니다. 그는 말했습니다. "내 가르침은 안팎이 따로 있지 않다. 어떤 것도 스승의 주먹 안에 숨겨져 있지 않다."*** 그는 선택받은 소수를 위한 비밀교리를 두지 않았습니다. 반대로 그는 자연의 법칙이 최대한 순수하게 널리 퍼져, 되도록 많은 사람이 그것에게서 유익함을 얻기를 바랐습니다.

그는 종교나 자신에 대한 숭배에도 관심이 없었습니다. 그가 초

•• 《디가 니까야》 16, 〈마하-빠리닙바나 숫딴따Mahā-Parinibbāna Suttanta〉. 디가Digha는 '(길이가) 긴'이라는 뜻이다. 한역본으로는 《장아함경》이 있는데, 구성과 각 경의 성립 시기에는 차이가 있다.
••• 앞의 책, 같은 곳.

지일관 유지한 태도는, 이 가르침 자체에 비하면 가르치는 사람 개인은 별로 중요하지 않다는 것이었습니다. 그의 목적은 다른 사람들에게 스스로 해탈하는 방법을 보여주는 것이었지, 그들을 맹목적인 숭배자로 바꾸는 것이 아니었습니다. 자신을 지나치게 숭배하는 추종자에게 그가 말했습니다. "썩어 문드러질 이 몸을 본다고 그대가 얻는 것이 무엇인가? 담마를 보는 자가 나를 보는 자고, 나를 보는 자가 담마를 보는 자라네."●

다른 사람을 위한 헌신이 아무리 성스럽다 할지라도, 누군가를 해탈하게 할 수는 없습니다. 실제를 직접 경험하지 않고서는 해탈도 구원도 있을 수 없습니다. 그러므로 진리가 가장 중요하지, 그것을 말하는 사람은 중요하지 않습니다. 그 진리를 가르치는 스승들께 존경심이 우러나더라도, 그 존경심을 바치는 최선의 방법은 자신이 그 진리를 깨닫도록 노력하는 것입니다. 삶이 거의 끝나갈 즈음 과도한 존경과 찬양을 받게 되었을 때, 붓다가 말했습니다. "이는 깨달은 자에게 제대로 영예와 존경, 숭배와 공경을 바치는 방법이 아니다. 오히려 담마의 길을 처음부터 마지막 목표까지 꾸준히 걷고 있는, 옳은 방법으로 담마를 수행하는 승려(비구와 비구니)와 남녀 재가수행자들이야말로, 깨달은 자에게 최고의 존중과

● 《상윳따 니까야》 XXII. 87 (5), 〈왁깔리 숫따 Vakkali Sutta〉.

영예, 존경, 숭배와 공경을 바치는 이들이다."**

붓다가 가르친 것은 모든 인간이 따를 수 있는 길이었습니다. 그는 이 길을, 수행에 있어 여덟 가지 방법의 서로 연관된 부분을 뜻하는 여덟 가지 성스런 길이라 불렀습니다. 누구든 이 길을 걷는 사람이라면 고결한 마음을 갖게 되고 성스러운 사람이 되며 고통으로부터 벗어나기 때문에, 이 길이 성스러운 것입니다.

이것은 실제의 본질을 깨닫게 해주는 길, 진리를 깨닫게 해주는 길입니다. 우리의 문제들을 해결하기 위해서, 우리는 상황을 있는 그대로 봐야 합니다. 우리는 겉으로 보이는 것의 실제를 알아보는 법과 외면 너머의 것을 꿰뚫어보는 법을 배워야 합니다. 더 미세한 진리를 자각하고, 그러고 나서 궁극적 진리를 깨달으며, 마침내 고통으로부터 자유로워지는 진리를 경험하기 위해서 말입니다. 이 자유의 진리를 **닙바나** nibbāna 라 부르든, '천국'이라 부르든 중요하지 않습니다. 중요한 것은 그것을 경험하는 것입니다

진리를 직접 경험하는 유일한 방법은 내면을 바라보는 것, 자신을 관찰하는 것입니다. 우리는 평생 외부를 바라보면서 사는 데 길들여져 왔습니다. 우리는 항상 밖에 어떤 일이 일어나고 있는지, 남들은 뭘 하는지 관심을 갖고 살아왔습니다. 자신의 정신과 신체적 구조를, 자신의 행동을, 자신의 실제를 탐구하려고 한 적이 거

●● 〈마하-빠리닙바나 숫딴따〉.

의 없습니다. 그러므로 우리는 자신을 모른 채 살아온 것입니다. 우리는 이 무지가 얼마나 해로운지를, 얼마나 우리가 알아차리지 못하는 내면의 힘의 노예로 살아가고 있는지를 깨닫지 못합니다.

진리를 알기 위해서는 내면의 이 어둠을 반드시 떨쳐내야 합니다. 존재의 본질을 이해하기 위해서는 우리 자신의 본질에 대한 통찰력을 얻어야 합니다. 따라서 붓다가 보여준 그 길은 자기성찰과 자기관찰의 길입니다. 그가 말했습니다. "마음과 인식이 들어있는 한 길 남짓한 이 몸속에서, 나는 우주, 우주의 시작과 중단, 그리고 중단으로 이르는 방법을 알려준다."* 전 우주와 자연의 법칙들은 내면으로 경험해야 합니다. 이것들은 오직 자신의 내면을 통해서만 경험할 수 있는 것입니다.

이 길은 또한 정화의 길입니다. 우리는 쓸데없는 지적 호기심이 아니라 확고한 목표를 가지고 우리 자신에 대한 진리를 탐구하게 됩니다. 스스로를 관찰하면서, 우리의 시야를 가려 현실을 보지 못하게 하고 고통을 만들어내는 조건화된 반응과 편견들을 처음으로 알아차리게 됩니다. 우리 내면에 쌓여온 긴장감에 의해 동요되고 비참해진다는 것을 알아차리고, 그것을 제거할 수 있다는 것을 깨닫게 됩니다. 우리는 점차 어떻게 그것을 녹여내고 마음을 순수하

• 《앙굿따라 니까야》 IV. v. 5 (45), 〈로히땃사 숫따Rohitassa Sutta〉. 그리고 《상윳따 니까야》 II. iii. 6을 찾아볼 것.

고 평화롭고 행복하게 하는지를 배웁니다.

이 길은 계속해서 전심전력으로 수행해야 하는 과정입니다. 비약적 발전의 순간들이 올 것입니다만, 이는 모두 지속적인 노력의 결과입니다. 한 걸음 한 걸음씩 차근히 수행해 나가는 것이 중요합니다. 매 걸음을 내딛을 때마다 즉각 유익함을 얻을 수 있습니다. 오직 미래에 복을 더 많이 받기 위해서나, 상상 속에 있는 죽음 뒤의 천국에서 누릴 혜택을 얻기 위해서 이 길을 걷는 것이 아닙니다. 이 길을 걸음으로써 얻는 유익함은 구체적이고 생생하며 걷는 사람이 직접 지금 여기에서 경험할 수 있는 것이어야 합니다.

무엇보다도, 이것은 수행이 따라야 하는 가르침입니다. 단순히 붓다나 그의 가르침에 믿음을 갖는 것은 고통으로부터 자유로워지는 데 도움이 되지 않을 것입니다. 이 길을 지적으로만 이해하는 것도 마찬가지입니다. 이 두 가지는 이것들이 이 가르침을 실행하도록 영감을 줄 때에만 가치 있는 것입니다. 붓다가 가르친 것을 실제로 수행하는 것만이 실질적인 결과를 안겨주고 우리의 삶을 더 낫게 변화시켜 줄 것입니다. 붓다는 이렇게 말했습니다.

어떤 이는 많은 경전을 암송할 수도 있을 것이다. 그러나 그 사람이 그것을 실천하지 않는다면, 그런 부주의한 사람은 그저 남의 소만 세고 있는 목동과 같다. 그는 진리 탐구자로서의 혜택을 누리지 않는 것이다. 어떤 이는 경전을 몇 마디밖에 암송할 줄 모를 수도 있다. 그

러나 그가 처음부터 최종 목표까지 차근히 이 길을 걸으면서 담마의
삶을 산다면, 그는 진리 탐구자로서의 혜택을 누리는 것이다.[•]

그 길을 따라가야 합니다. 이 가르침은 실천해야 합니다. 그렇지
않으면 이는 무의미한 운동에 불과합니다.

이 가르침을 수행하기 위해서 자신을 불교신자라고 칭할 필요는
없습니다. 명칭은 무엇이건 상관없습니다. 고통에는 차별이 없습
니다. 고통은 보편적인 것입니다. 그러므로 그 치료법이 유용하려
면, 모두에게 동일하게 적용될 수 있어야 합니다. 그 방법은 속세
를 벗어난 출가수행자들만 알아서는 안 됩니다. 물론 어떻게 수행
하는지 배우기 위해서는 일정 기간 동안 온전히 헌신해야 합니다
만, 배우고 나면 다시 일상 속에서 가르침을 실천해야 합니다. 이
길을 걷기 위해서 집과 세속적인 책임들에서 떠나는 사람은 이 가
르침을 더 깊이 공부할 수 있는 기회를 얻게 되고, 따라서 더 빨리
발전할 것입니다. 반대로, 여러 가지 책임을 지고 있는 재가자라면
수행하는 시간이 한정되어 있습니다. 그러나 출가자건 재가자건,
반드시 담마를 실천해야 합니다.

담마는 실천할 때에만 그에 상응하는 결과를 얻게 됩니다. 이것
이 고통에서 평화로 가는 진정한 길이라면, 수행하면 할수록 더 많

• 〈담마빠다Dhammapada〉, I. 19와 20. 〈담마빠다〉는 우리나라에서 〈법구경〉으로 알려져 있다.

은 행복과 조화, 평화를 내면에서 느껴야 합니다. 동시에 다른 사람과의 관계도 평화롭고 조화로워져야 합니다. 사회의 긴장을 키우는 대신에 모두의 행복과 안녕을 키우는 긍정적인 기여를 할 수 있어야 합니다. 이 길을 걷기 위해서 우리는 담마의, 진리의, 순수함의 삶을 살아야 합니다. 이것이 그 가르침을 실행하는 참된 방법입니다. 바르게 수행한다면 담마는 삶의 기술the art of living 입니다.

질문과 고엔카 선생님의 답변

Q 선생님은 계속 붓다의 말을 인용하십니다. 불교를 가르치시는 것인가요?

A 저는 '~주의'에는 관심이 없습니다. 저는 담마를 가르칩니다. 즉 붓다께서 가르치신 것을 가르칩니다. 그분께서는 어떤 '~주의'나 종파적 교리도 가르치지 않으셨습니다. 그분께서는 어떤 배경의 사람이라도 유익함을 얻을 수 있는 삶의 기술을 가르치셨습니다. 무지한 것은 모두에게 해롭습니다. 지혜를 키우는 것은 모두에게 유익합니다. 기독교인이라면 훌륭한 기독교인이, 유대교인이라면 훌륭한 유대교인이, 무슬림이라면 훌륭한 무슬림이, 힌두교도라면 훌륭한 힌두교도가, 불자라면 훌륭한 불자가 될 것입니다. 누구든 훌륭한 사람이 먼저 되어야 합니다. 그렇지 않으면 누구도 훌륭한 기독교인, 유대교인, 무슬

림, 힌두교도, 불자가 될 수 없습니다. 어떻게 하면 좋은 사람이 될 것인가, 그것이 가장 중요합니다.

Q 선생님은 조건화에 대해 말씀하십니다. 이 훈련이야말로 마음을 조건화시키는 것 아닌가요? 그것이 비록 긍정적인 조건화라도 말입니다.

A 정반대로 이것은 조건화를 없애는 과정입니다. 마음에 무엇을 강요하는 대신에, 이 과정은 자동적으로 해로운 것들을 제거해, 건전하고 긍정적인 것들만 남도록 합니다. 부정성을 제거함으로써, 순수한 마음의 천성인 긍정성을 드러내는 것입니다.

Q 그러나 정해진 기간 동안 특정한 자세로 앉고 특정한 방식으로 주의를 집중하는 것은 조건화의 한 형태이지 않습니까?

A 그것을 게임이나 기계적으로 반복하는 예식처럼 한다면, 맞습니다, 마음을 조건화하는 것입니다. 그러나 이는 위빳사나를 잘못 사용하고 있는 겁니다. 위빳사나를 제대로 수행해야 진리를 직접 경험하게 됩니다. 그런 경험을 통해 이 수행법을 자연스럽게 이해하게 되고, 그 이전의 조건화된 반응들을 제거하게 됩니다.

Q 세상을 외면하고 그저 앉아서 하루 종일 명상하고 있는 건 좀 이기적인 행동이 아닌가요?

A 그저 거기에서 그친다면, 그렇습니다. 이것은 이기적인 행동입니다. 그러나 이것은 건강한 마음에 이르기 위한 수단입니다. 전혀 이기적이지 않은 목표이죠. 몸이 아프면 건강해지려고 병원에 갑니다. 평생 있으려고 가는 게 아니라, 그냥 건강을 회복하려고 가는 것입니다. 건강을 회복하면 다시 일상생활로 돌아오지요. 마찬가지로 일상생활에서 자신과 다른 사람들의 유익함을 위해 쓰일 수 있는 정신적 건강을 얻기 위해 명상 코스에 오는 것입니다.

Q 다른 사람들의 고통을 마주했을 때조차 행복하고 평화로운 마음을 유지하는 것은 완전 이기적인 것 아닙니까?

A 다른 사람의 고통을 헤아린다는 것이 자신이 슬퍼해야 한다는 것을 의미하지는 않습니다. 대신 당신은 침착하게 평정심을 유지해 그들의 고통을 줄여줄 수 있어야 합니다. 당신도 슬퍼진다면, 그것은 당신 주변의 불행을 증가시키고 있는 것입니다. 그것은 그들을 돕는 것도, 당신 자신을 돕는 것도 아닙니다.

Q 왜 우리는 평화롭게 살지 않나요?

A 지혜가 없는 탓이지요. 지혜가 없는 삶은 환상 속의 삶, 불안과 고통의 삶입니다. 우리의 가장 중요한 책임은 자신과 남들에게 유익한, 건강하고 조화로운 삶을 살아가는 것입니다. 그러기

위해서, 우리는 자기관찰, 진리관찰의 능력을 사용하는 방법을 배워야만 합니다.

Q 이 명상법을 배우기 위해서 왜 10일 코스에 참가해야 합니까?

A 뭐, 그보다 더 길게 머물 수 있다면 더 좋겠지요! 그러나 10일 은 이 명상법의 요점을 파악할 수 있는 최소한의 기간입니다.

Q 왜 우리는 10일 동안 코스 장소 안에서만 머물러야만 합니까?

A 여러분은 각자의 마음을 수술하러 여기에 왔기 때문입니다. 수 술은 병원에서, 오염으로부터 보호받는 수술실에서 해야 합니 다. 이곳 코스 장소의 경계 안에서, 여러분은 어떤 외부 영향으 로부터도 방해받지 않고 수술을 할 수 있습니다. 코스가 완료 되면 수술도 끝나고, 여러분은 다시 한 번 세상을 마주할 준비 가 된 것입니다.

Q 이 명상법이 몸을 치유합니까?

A 그렇습니다. 이 명상법을 수행하면서 얻는 부산물로써 말입니 다. 정신적 갈등이 사라지면서, 심리적 이유 때문에 생기는 병 들은 자연히 사라집니다. 마음이 동요되면, 신체에도 병이 생기 게 됩니다. 마음이 고요하고 순수하게 되면 자동적으로 사라질 것입니다. 그러나 수행의 목표가 마음의 정화가 아니라 질병을

치유하기 위한 것이라면, 둘 다 성취하지 못할 것입니다. 나는 여기서, 질병을 치료하려고 코스에 참가하여 코스 기간 내내 병에만 신경을 쓰는 사람들을 보았습니다. "오늘은 좀 나아졌나? 아니야, 별로 좋아지지 않았어. 오늘은 좀 괜찮아졌나? 아니야, 하나도 안 나아졌어!" 그들은 열흘을 전부 이런 식으로 낭비합니다. 그러나 목표가 단순히 마음을 정화하는 것이라면, 많은 질병이 명상의 결과로 자연히 사라지게 될 것입니다.

Q 선생님은 삶의 목표를 뭐라고 생각하십니까?

A 고통으로부터 벗어나는 것입니다. 인간은 내면 깊이 들어가 실제를 관찰하고 고통으로부터 벗어날 수 있는 놀라운 능력을 가졌습니다. 이 능력을 쓰지 않는 것은 삶을 낭비하는 것입니다. 정말 건강하고 행복하게 살기 위해 이 능력을 사용하세요!

Q 선생님은 부정성에 압도당하는 상태에 대해 말씀하십니다. 긍정성에 압도당하는 것은 어떻습니까? 예를 들어, 사랑 같은 것이요.

A 당신이 말하는 '긍정성'이라는 것은 마음의 본성입니다. 마음이 조건화로부터 자유로워지면, 마음은 항상 사랑, 순수한 사랑으로 가득 차고 당신은 평화와 행복을 느끼게 됩니다. 부정성을 제거하면 긍정성이 남습니다. 순수함이 남게 되지요. 모든 세상이 이 긍정성으로 압도되도록 하십시오!

그 길을
걷기
위해서

인도 북부의 사왓티 Sāvatthī라는 도시에 붓다의 큰 명상센터가 있었는데, 그곳에는 명상을 하고 붓다의 법문을 들으러 사람들이 찾아오곤 했습니다. 매일 저녁 한 청년이 붓다의 법문을 들으러 왔습니다. 수년간 그는 붓다의 법문을 들으러 왔지만 그의 가르침 중 어느 것도 실천하지 않았습니다.

몇 년이 지난 어느 날 저녁, 그가 조금 일찍 도착했는데 붓다가 홀로 있는 것을 발견했습니다. 그는 붓다에게 다가가 말했습니다. "선생님, 제 마음속에서 계속 일어나는 의문이 있습니다."

"오, 그래? 담마의 길에 어떤 의심도 있어선 안 되지. 의문점이 있다면 명백히 알아야 하네. 무엇이 의문인가?"

"선생님, 여태껏 수년간 당신의 명상센터에 왔습니다. 명상센터에서 당신 주변에 있는 많은 은둔자들, 비구와 비구니들, 또한 많은 남녀 재가수행자들을 지켜보았습니다. 수년 동안 어떤 이들은 계속 당신을 찾아왔습니다. 그중 일부는 확실히 마지막 단계에 도달한 것이 제게는 보입니다. 확실히 그들은 완전히 깨달았지요. 어떤 사람들은 삶에서 어떤 변화를 경험하고 있는 것을 목격했습니다. 완전히 깨달았다고는 말할 수 없지만 예전보다 나아졌지요. 그러나 선생님, 저를 포함한 많은 사람이 예전 그대로이고, 일부는 더 안 좋아진 것도 보았습니다. 전혀 바뀌지 않거나 더 나아지지 않았다고요.

왜 이렇습니까, 선생님? 사람들은 당신같이 위대한 분, 완전히 깨달으신 분, 강력하고 자비로운 분을 만나러 옵니다. 당신의 그 능력과 자비를 왜 그들 모두를 해탈케 하는 데 사용하지 않으십니까?"

붓다는 미소를 짓고는 말했습니다. "젊은이, 어디 살고 있나? 고향이 어딘가?"

"꼬살라Kosala의 수도인 이곳 사왓티에 살고 있습니다, 선생님."

"그래, 그런데 얼굴을 보니 이 나라 사람이 아니군. 원래는 어디 사람인가?

"저는 마가다Magadha의 수도 라자가하Rājagaha에서 태어났습니다. 몇 년 전에 이곳 사왓티로 와서 정착했습니다."

"라자가하에서 맺은 인간관계를 다 끊었는가?"

"아닙니다, 선생님. 그곳에는 여전히 친척들이 살고 있습니다. 제 친구들도 있고요. 사업도 거기에서 합니다."

"그럼 사왓티에서 라자가하까지 꽤 자주 왕래해야 할 테지?"

"네, 선생님. 매년 라자가하에서 사왓티로 여러 번 돌아갑니다."

"여기서 라자가하까지 가는 길을 그렇게 많이 여행해 봤으니, 그 길을 아주 잘 알고 있겠지?"

"오, 물론입니다. 완벽하게 알고 있지요. 제 눈을 가린다고 해도 라자가하로 가는 길을 찾을 수 있다고 할 정도로 그 길을 많이 걸어 다녔어요."

"자네 친구들은 어떤가? 자네를 잘 아는 사람들 말일세. 자네 친구들도 자네가 라자가하 출신으로 여기에 정착했다는 것을 잘 알지? 자네가 라자가하를 자주 방문한다는 것도 알고, 자네가 거기로 가는 길을 완벽하게 안다는 것도 알고 있지 않은가?"

"선생님 말씀대로입니다. 저와 친한 사람들은 모두 제가 라자가하에 자주 가고 그 길을 잘 아는 것도 알고 있습니다."

"그러면 누군가 자네에게 찾아와 여기서 라자가하로 가는 길을 알려달라고 하는 경우도 있을 걸세. 그 길을 숨기나, 아니면 잘 설명해 주나?"

"숨길 게 뭐가 있겠습니까, 선생님? 최대한 명쾌하게 알려주지요. '동쪽으로 걷다가 바나라스Banaras 쪽으로 간 다음, 가야Gaya를 지나 계속 가면 거기가 라자가하야' 하고요. 아주 쉽게 설명해 줍니다, 선생님."

"자네가 그렇게 쉽게 설명해 준 사람들이 모두 라자가하에 가는가?"

"그럴 리가요, 선생님. 끝까지 걸어간 사람만 라자가하에 도착하죠."

"젊은이, 그게 내가 자네에게 말하고 싶은 것이라네. 사람들은 내가 여기서 닙바나까지 직접 걸었고, 그렇기 때문에 그 길을 완벽하게 안다는 것을 알고 내게 찾아온다네. 와서 내게 묻지. '닙바나를, 해탈을 얻는 길이 무엇입니까?' 거기에 숨길 것이 뭐가 있겠는가? 나는 명확하게 설명해 준다네. '이것이 그 길입니다.' 어떤 사람이 고개를 끄덕이며, '훌륭한 말씀입니다. 옳으신 말씀입니다. 아주 훌륭한 길입니다. 그러나 저는 그 길, 그 훌륭한 길을 걷지 않겠습니다. 저는 그 길을 걷기 위해 노력하지 않겠습니다'라고 말한다면, 그런 사람이 어떻게 최종 목표에 다다를 수 있겠는가?

나는 누군가를 내 어깨에 앉히고 최종 목표까지 데려다주지 않네. 아무도 다른 사람을 어깨에 앉히고 최종 목표에 데려다줄 수 없다네. 최대한 할 수 있는 것은 사랑과 자비의 마음으로 '자, 이것이 바로 그 길입니다. 이렇게 해서 저는 이 길을 걸었습니다. 당신도 노력하세요. 당신도 이 길을 걸으세요. 그러면 최종 목표에 다다를 겁니다'라고 말하는 것뿐이라네. 각자가 스스로 걸어야 하네. 매 걸음을 스스로 밟아야 해. 한 걸음을 걸은 사람은 그 목표에 한 걸음 가까워진 것이네. 백 걸음을 걸은 사람은 그 목표에 백 걸음만큼 가까워진 것이네. 그 길을 모두 걸은 사람은 최종 목표에 다다른 것이네. 자네도 스스로 이 길을 걸어야 하네."*

• 《맛지마 니까야》 107, 〈가나까-모갈라나 숫따 Ganaka-Mogallāna Sutta〉를 참조하였다. 맛지마 Majjhima는 '중간'이라는 뜻이다. 한역본으로는 《중아함경》이 있는데, 그 구성과 각 경의 성립 시기에는 차이가 있다.

chapter 2

시작점

"붓다는 사람이라는 것은 완전하고,
불변하는 존재가 아니라
순간에서 순간으로 흐르는 하나의 과정임을 깨달았습니다.
진정한 '존재'라는 것은 없으며, 오직 계속되는 흐름,
지속적인 생성의 과정만이 있을 뿐입니다.

고통의 원인은 우리 내부에 있습니다. 우리 자신의 실제를 이해하면, 그 고통에 맞는 해결책을 찾을 수 있습니다. "너 자신을 알라"고 모든 현자들이 충고했습니다. 우리는 먼저 우리 자신의 본질을 이해하는 데서 시작해야 합니다. 그렇지 않으면 우리 자신의 문제나 세상의 문제들을 절대 해결할 수 없을 것입니다.

그러나 우리가 자신에 대해 정말 알고 있는 게 뭐가 있습니까? 우리는 모두 자기가 정말 중요하고 특별한 존재라고 확신하고 있지만, 사실 우리가 자신에 대해 알고 있는 지식은 피상적인 것들뿐입니다. 더 깊이 들어가면, 우리는 자신에 대해 아무것도 모릅니다.

붓다는 자신의 본질을 살펴봄으로써 인간존재의 현상을 연구했습니다. 모든 선입견은 내려놓고 내면을 탐구하여 모든 존재가 다섯 가지 과정이 합쳐진 결과라는 것을 깨닫게 되었습니다. 그중 네 가지는 정신적인 것이고 나머지 하나는 물질적인 것입니다.

물질

물질, 몸의 측면에서 한번 이야기를 시작해 봅시다. 이것은 모든 감각으로 손쉽게 지각되는 가장 분명하고 확연한 부분입니다. 그럼에도 우리는 그것에 대해 정말 모르고 있습니다. 표면적으로는 몸을 통제할 수 있을 것입니다. 몸은 나의 의식적인 의지에 따라 움직이고 행동하지요. 그러나 다른 차원에서, 모든 내장은 우리의 통제와 상관없이, 우리가 몰라도 알아서 제 기능을 다하고 있습니다. 더 미묘한 차원에서, 몸을 구성하는 각 세포 안에서 일어나는 끊임없는 생화학적 반응에 대해서 우리는 경험적으로는 아무것도 모릅니다. 그러나 이것 역시 물질현상의 궁극적 진리는 아닙니다. 겉으로 보기에는 단단해 보이는 몸은, 궁극적으로는 아원자입자들과 빈 공간으로 이루어져 있습니다. 게다가 이 아원자입자들마저도 견고한 것이 아닙니다. 이것들이 지속적으로 존재하는 시간은 1조 분의 1초보다 짧습니다. 입자들은 마치 파동의 흐름처럼 계속해서 일어나고 사라지고, 나타났다가 없어집니다. 이것이 붓다가 2500년 전에 발견한 몸과 모든 물질의 궁극적 실제입니다.

현대 과학자들은 연구를 통해서 물질세계에 대한 이 궁극적 실제를 알고 받아들이게 되었습니다. 그러나 이 과학자들은 해탈한 사람, 깨달은 사람이 되지는 못했습니다. 그들은 호기심에서 우주의 성질을 연구했습니다. 지적인 능력과 이론을 증명해 줄 기구를 이용해서 말입니다. 이와는 대조적으로, 붓다는 단순히 호기심 때문이 아니라, 고통에서 자유로워지는 방법을 찾고자 하는 바람 때문에 시작했던 것입니다. 그는 연구할 때 자신의 마음 외에는 어떤 도구도 사용하지 않았습니다. 그가 발견한 진리는 지적 활동이 아니라 자신의 직접 경험을 통해 얻어진 것이었으며, 그랬기 때문에 그 진리가 그를 해탈케 한 것입니다.

그는 모든 물질세계가 미립자들로 이루어져 있다는 것을 발견했습니다. 이는 빠알리어로 **깔라빠**kalāpa 혹은 '더 이상 쪼개어질 수 없는 입자들'이라고 합니다. 이 입자들은 물질의 기본적 성질이라는 질량, 응집력, 온도와 움직임에서 끊임없이 변화하는 형태를 보입니다. 그것들은 결합하여 구조를 형성하는데, 이는 어느 정도 그 형태를 유지할 것처럼 보입니다만, 실제로는 모두 끊임없이 나타났다가 사라지는 매우 작은 깔라빠로 이루어져 있습니다. 계속해서 일어나는 파동 혹은 입자들의 흐름, 이것이 물질의 궁극적 실제입니다. 이것이 우리가 '나'라고 부르는 것입니다.

마음

물질작용이 일어나는 곳에는 마음이라는 정신작용도 함께 일어납니다. 마음을 만지거나 볼 수는 없지만, 몸보다 더 직접적으로 우리 자신과 연결되어 있는 것입니다. 미래에 몸 없이 존재하는 경우는 상상할 수 있지만, 마음 없이 존재하는 경우는 상상할 수 없습니다. 그럼에도 우리가 마음에 대해 아는 것이 그리 많지 않습니다. 제대로 통제하지도 못합니다. 마음이 우리가 원하는 대로 하기를 거부하고, 원하지 않는 것을 행하는 경우가 얼마나 많습니까? 의식적 마음에 대한 우리의 통제력도 약하기 그지없습니다만, 무의식적 마음은 아예 우리의 통제력이나 이해력을 넘어선 것이라서, 우리가 인정하거나 알아차리지 못할 힘들로 가득 차 있는 것처럼 보입니다.

자신의 몸을 연구하면서, 붓다는 또한 마음을 연구했는데, 마음이란 크게 네 가지 과정, 즉 의식(윈냐나 viññāna), 지각(산냐 saññā), 감각(웨다나 vedanā), 그리고 반응(상카라 saṅkhāra)으로 이루어져 있음을 발견했습니다.

첫 번째 과정인 의식은 마음 중에서도 받아들이는 부분, 분별하지 않는 알아차림, 혹은 인식 행위를 하는 부분입니다. 의식은 어떤 현상이든 일어나는 것은 모두 기록합니다. 물질적이건 정신적이건 상관없이 모든 자극의 접수처인 것입니다. 이것은 이름을 붙이거나 가치판단을 하지 않고 경험을 있는 그대로 기록합니다.

두 번째 정신적 과정은 지각, 즉 인지 행위입니다. 마음의 이 과정은 의식이 기록한 것은 무엇이든 확인합니다. 이것은 들어오는 원시정보를 구분하고 이름을 붙이며 분류하여, 좋다 나쁘다의 평가를 내립니다.

마음의 그다음 부분은 감각입니다. 실제로 어떤 정보를 입력받자마자 감각이 일어나는데, 이것은 어떤 일이 일어나고 있다는 신호입니다. 입력된 정보가 평가받지 않는다면, 감각은 중립적입니다. 그러나 일단 입력된 정보에 가치가 부여되면 그 가치가 어떤 것이냐에 따라서 감각은 유쾌하거나 불쾌하게 됩니다.

그 감각이 유쾌하면 우리는 그 경험이 계속되고 강력해지기를 바랍니다. 그 감각이 불쾌한 것이면 우리는 그것이 멈추기를, 그것으로부터 멀리 떨어지기를 바랍니다. 마음은 갈망과 혐오로 반응합니다.* 예를 들어, 귀가 정상적으로 기능하고 있을 때 소리를 들으면 인식이 작동합니다. 이것이 긍정적이거나 부정적인 뜻을 가진 단어로 인지된다면, 지각이 작동하기 시작한 것입니다. 그다음에는 감각이 작동하기 시작합니다. 그 말이 칭찬이면 유쾌한 감각이 일어납니다. 만약 욕을 들었으면 불쾌한 감각이 일어납니다. 그 즉시 반응이 시작됩니다. 감각이 유쾌한 것이면 그것을 갈망하게 되고 더 많은 칭찬을 듣기를 원하게 됩니다. 감각이 불쾌한 것이면

● 상카라sankhāra는 붓다의 가르침에서 정말 중요한 개념 중의 하나이자, 영어로 표현하기 어려운 단어 중의 하나이다. 또한 이 상카라는 다양한 의미를 가지고 있고, 특수한 맥락에서 의미가 쉽게 드러나지 않을 수 있다. 여기서 상카라는 의지, 결단, 의도를 의미하는 쩨따나cetanā/상쩨따나sañcetanā와 같은 의미를 갖는다. 이 해석은《앙굿따라 니까야》IV. xviii. 1 (171),〈쩨따나 숫따Cetanā Sutta〉와《상윳따 니까야》XXII. 57 (5),〈삿땃타나 숫따 Sattatthāna Sutta〉, 그리고《상윳따 니까야》XII. iv. 38 (8),〈쩨따나 숫따Cetanā Sutta〉를 참조하시오.

그것을 혐오하게 되고 욕하는 것을 막고 싶어집니다.

다른 감각기관들도 어떤 정보를 받게 되면 언제든 이와 같이 의식, 지각, 감각, 반응이라는 과정이 일어납니다. 이 네 가지 정신적 작용은 물질적 실제를 구성하는 소립자들, 그 덧없이 사라지는 소립자들보다 더 재빠르게 일어납니다. 감각들이 어떤 대상을 느끼고 있는 매 순간, 네 가지 정신적 과정이 번개 치듯 빠른 속도로 일어나고, 그다음 매 순간의 접촉에도 그런 과정들이 반복됩니다. 그러나 이것은 아주 빨리 일어나기 때문에, 당사자는 무슨 일이 벌어지고 있는지 알아차리지 못합니다. 오랫동안 어떤 특정한 반응이 반복되고 나서, 그것이 두드러지게 심한 형태를 띨 때에야 비로소 의식적 차원에서 알아차릴 수 있습니다.

이러한 인간에 대한 설명에서 가장 눈에 띠는 부분은 그것이 무엇을 포함하는가가 아니라 무엇을 빠뜨렸는가 하는 것입니다. 우리가 서양인이건 동양인이건, 기독교인, 유대교인, 무슬림, 힌두교도, 불자, 무신론자든 뭐든 간에, 우리는 모두 지속적인 주체로서의 '나'란 것이 내면의 어딘가에 있다는 타고난 확신을 가집니다. 우리는 10년 전에 존재했던 사람이 오늘 존재하는 사람, 앞으로 10년간 존재할 사람과 근본적으로 같은 사람이고, 아마 죽음 뒤의 삶 속에서도 여전히 같은 사람일 것이라고 별 생각 없이 가정하고 삽니다. 어떤 철학이나 이론, 믿음을 가졌든, 사실 우리는 "나는 과거에 이러했고, 지금 이러하며, 미래에 이렇게 될 것이다"라는 깊이 뿌리박힌 확신을 갖고 살아가고 있습니다.

붓다는 정체성에 대한 이러한 본능적 주장에 도전했습니다. 이때 그는 다른 이론들에 대항하려고 또 하나의 추측성 관점만을 자세히 설명한 것이 아닙니다. 그는 자신의 의견을 주장하는 것이 아니라 단순히 그가 경험한 진리를 설명하고 있을 뿐이며, 그것은 누구나 경험할 수 있는 것이라고 계속해서 강조했습니다. "깨달은 자는 모든 이론을 버린다. 왜냐하면 그는 물질의 실제, 감각의 실제, 지각의 실제, 반응의 실제, 그리고 의식의 실제와 그것들이 모두 어떻게 일어나고 사라지는지를 보았기 때문이다"*라고 그는 말했습니다. 보이는 것과 달리, 모든 인간은 사실 개별적인, 그러나 연속된 현상들로 이루어져 있음을 그는 알아냈습니다. 매 현상은 전에 일어난 현상의 결과이며 끊임없이 바로 다음 현상이 일어납니다. 이 밀접하게 연결된 현상들은 끊임없이 진행되기 때문에 지속성이나 정체성이 있는 것처럼 보입니다. 그러나 이것은 오직 눈에 보이는 실제일 뿐, 궁극적인 진리는 아닙니다.

강에 이름을 붙일 수는 있습니다. 그러나 실제로 이것은 절대 멈추지 않는 물의 흐름입니다. 양초의 불빛이 계속해서 변함없이 빛나고 있다고 생각할 수 있을 것입니다. 그러나 자세히 들여다보면, 실은 심지에서 한 순간 불타고 다음 순간 새로운 불꽃으로 대체되

• 《맛지마 니까야》72, 〈악기-왓차곳따 숫따Aggi-Vacchagotta Sutta〉.

는, 매 순간 그렇게 반복되는 것임을 볼 수 있습니다. 우리가 전깃불을 볼 때, 사실은 이것도 강의 끊임없는 흐름처럼, 필라멘트 안에서 일어나는 고주파 진동으로 인해 발생하는 에너지의 흐름이라는 것을 잠시도 생각해 보지 않습니다. 매 순간 어떤 새로운 것이 과거의 부산물로서 생겨나, 다음 순간 새로운 것으로 교체됩니다. 이 연속적인 현상들은 매우 빠르고 지속적으로 일어나므로 알아차리기 어렵습니다. 이 과정 중에 어떤 시점에서 지금 일어나는 것이 그 이전에 있었던 것과 동일하다거나 동일하지 않다고는 누구도 말할 수 없습니다. 그럼에도 그것은 일어나고 있습니다.

이와 같이 붓다는 사람이라는 것은 완전하고 불변하는 존재가 아니라 순간에서 순간으로 흐르는 하나의 과정임을 깨달았습니다. 진정한 '존재'라는 것은 없으며, 오직 계속되는 흐름, 지속적인 생성의 과정만이 있을 뿐입니다. 물론 일상 속에서 우리는 서로를 어느 정도 정의된, 변함없는 사람으로 대해야 합니다. 외부를, 눈에 보이는 실제를 받아들여야 합니다. 그렇지 않으면 살아갈 수 없을 테니까요. 외부적 실제도 하나의 실제이긴 하지만, 피상적인 것에 불과합니다. 더 깊은 차원에서는 모든 우주가, 생물이든 무생물이든, 모두가 일어나고 사라지는 끊임없는 생성의 상태에 있다는 것이 실제입니다. 우리 모두는 사실 끊임없이 변화하는 아원자입자들의 흐름과 이 물질적 과정보다 더 빠르게 변하는 의식·지각·감각·반응의 과정으로 이루어져 있습니다.

이것이 우리가 그렇게도 궁금해하던 자신의 존재에 대한 궁극적 실제입니다. 이것이 우리 모두가 경험하고 있는 현상들의 흐름입니다. 우리가 이것을 직접 경험하고 제대로 이해할 수 있다면, 고통으로부터 벗어날 수 있는 실마리를 찾을 수 있을 것입니다.

질문과 고엔카 선생님의 답변

Q 선생님께서 '마음'이라고 말씀하실 때, 그게 무슨 뜻인지 잘 모르겠습니다. 전 마음을 못 찾겠는데요.

A 마음은 모든 곳에, 모든 원자에 있지요. 느낌이 있는 곳이라면 어디든 마음이 있습니다. 그 마음이 느낍니다.

Q 그러면 선생님께서 말씀하시는 마음이란 것이 두뇌를 의미하는 것입니까?

A 오, 아닙니다. 아니에요. 여기 서양에선, 사람들은 마음이 오직 머리에만 있다고 생각하지요. 그건 잘못된 생각입니다.

Q 마음이란 몸 전체를 의미하는 건가요?

A 그래요. 몸 전체가 마음을 갖고 있습니다. 몸 전체가요!

Q 선생님께서는 '나'의 경험을 말씀하실 때 부정적인 단어만 사용하십니다. 긍정적인 면도 있지 않나요? 기쁨이나 평화, 황홀감으로 가득 찬 '나'의 경험도 있지 않습니까?

A 명상을 하면 그런 감각적인 기쁨들이 모두 영원하지 않다는 것을 알게 될 겁니다. 그런 것들은 일어났다가 사라지지요. 만약 이 '나'가 정말 그것들을 즐긴다면, 만약 그것들이 '나의' 기쁨이라면, 그렇다면 '내가' 그것들을 통제할 수 있어야 합니다. 그러나 그것들은 그저 일어났다가 사라질 뿐, 나는 통제할 수 없지요. 무슨 '나'가 있단 말입니까?

Q 저는 감각적인 즐거움이 아니라 아주 깊은 단계에서의 즐거움을 말하는 것입니다.

A 그 단계에서 '나'는 전혀 중요하지 않습니다. 당신이 그 단계에 도달했을 때 에고는 이미 녹아내린 것입니다. 기쁨만이 존재하지요. 그러면 '나'에 대한 의문은 더 이상 일어나지 않습니다.

Q 음 … 그렇다면 '나' 대신에 어떤 사람의 경험이라고 하면 어떨까요?

A 느낌을 느낀다고 할 때, 거기에는 그것을 느낄 사람이 없습니다. 현상들은 그저 일어나고 있을 뿐입니다. 그게 다예요. 당신은 느낌의 주체로서 '나'가 반드시 있어야 한다고 생각하는 것 같군요. 하지만 당신이 수행을 해보면, 에고가 녹아내리는 단

계에 도달하게 될 거예요. 그러고 나면 당신의 질문은 사라질 겁니다!

Q 저는 '내'가 여기 올 필요가 있다고 느껴서 여기 왔는데요.

A 맞아요! 일리 있는 말이에요. 통상적인 이유로, 우리는 '나' 혹은 '나의 것'으로부터 벗어날 수 없습니다. 그러나 그것들에 집착하는 것, 그것들이 궁극적인 차원에서 실재한다고 생각하는 것은 오직 고통만을 가져다줄 겁니다.

Q 저는 우리에게 고통을 주는 사람들이 존재하는 것인지 궁금했습니다.

A 아무도 당신에게 고통을 주지 않습니다. 당신이 마음속에 긴장을 일으켜 스스로 고통을 일으키고 있는 거예요. 그렇게 하지 않는 방법을 안다면 모든 상황에서 평화롭고 행복하게 머무는 것이 쉬워질 겁니다.

Q 우리에게 누가 나쁜 짓을 하는 경우에는 어떻게 해야 합니까?

A 당신에게 해를 끼치지 못하도록 해야지요. 누군가가 잘못된 행동을 할 때, 그 사람은 다른 사람을 해치는 동시에 스스로를 해치고 있는 것입니다. 모든 힘을 다해서 그 사람을 막아야 하고, 오직 선의와 자비, 그리고 그 사람을 위한 동정심만을 가지고 그렇게 해야 합니다. 만약 당신이 혐오감과 분노로 행동한다

면, 그 상황을 악화시킬 뿐입니다. 당신의 마음이 고요하고 평화롭지 않다면 그런 사람에 대한 선의를 가질 수 없지요. 그러니 자신의 내면에 평화를 계발하는 법을 수행하십시오. 그러면 그 문제를 풀 수 있을 것입니다.

Q 세상이 평화롭지 않은데 내면의 평화를 찾는 게 무슨 소용입니까?

A 세상 사람들이 평화롭고 행복하게 되었을 때에만 세상은 평화로워질 것입니다. 변화는 각 개인에게서 시작되어야 하는 것입니다. 정글이 다 말라 죽어 없어졌는데 되살리고 싶다면, 당신은 그 정글의 나무 한 그루마다 물을 주어야 합니다. 당신이 세계 평화를 원한다면, 당신 스스로가 평화로워지는 법을 배워야 합니다. 그러고 나서야 당신이 세계에 평화를 가져올 수 있는 것입니다.

Q 명상이 세상에 잘 적응하지 못하고 불행한 사람들에게 어떻게 도움이 될 것인지는 알겠습니다. 그러나 자신의 삶에 만족하는 사람들, 이미 행복한 사람들은 어떻습니까?

A 삶의 피상적인 즐거움에 만족한 상태로 머무는 사람들은 마음 깊은 곳의 동요를 모르고 있습니다. 자신이 행복한 사람이라는 환상에 빠져있지만, 기쁨은 지속되지 않을 것이고 무의식 속에서 긴장이 계속 증가할 것이며, 그것은 금방 마음의 의식적 차

원에서 나타나게 될 것입니다. 그럴 때, 행복하다고 불리는 이 사람은 우울하게 됩니다. 그러니 그런 상황을 피하기 위해 지금 여기서 노력해 보는 것이 어떻겠습니까?

Q 선생님의 가르침은 마하야나Mahāyāna 즉 대승불교입니까 아니면 히나야나Hinayāna 즉 소승불교입니까?

A 둘 다 아닙니다. 야나yāna라는 단어는 실제로는 당신을 마지막 목표까지 데려가는 수레를 뜻합니다. 그러나 오늘날은 그것이 잘못되어 종교적 의미를 띠게 되었습니다. 붓다는 어떤 종교적인 것도 가르치지 않았습니다. 그는 담마, 즉 보편적인 것을 가르쳤지요. 이 보편성이 나를 붓다의 가르침에 끌리게 했습니다. 나는 그것 덕분에 혜택을 얻었고, 그러므로 나는 내 모든 사랑과 자비심으로 이 보편적인 담마를 모두에게 전해주고자 하는 것입니다. 내게 담마는 마하야나도, 히나야나도, 어떤 종교도 아닙니다.

붓다와
과학자

물질의 실제는 매 순간 계속해서 변화하고 있습니다. 이것이 붓다가 스스로를 살펴봄으로써 깨달은 것입니다. 아주 집중된 마음으로 그는 자신의 본질을 깊이 꿰뚫어 관찰하여, 모든 물질의 구조는 끊임없이 일어나고 사라지는 미세한 아원자입자들에 의해 이루어져 있다는 것을 발견했습니다. 손가락으로 딱 소리를 내거나 눈을 한 번 깜빡이는 사이에, 이 모든 입자가 수조 번 일어나고 사라진다고 그는 말했습니다.

"믿을 수 없어." 너무나 견고해 보이는, 아주 영원해 보이는 몸의 겉으로 보이는 실제만을 보는 사람들은 누구나 이렇게 생각할 것입니다. 나는 '수조 번'이란 문구가 으레 사용하는 관용적 표현일 거라고 생각하면서 그 말을 정말이라고는 믿지 않았습니다. 그러나 현대과학은 이 말이 사실이라는 것을 입증했습니다.

몇 년 전, 미국의 한 과학자가 물리학에서 노벨상을 받았습니다. 그는 오랜 연구와 실험 끝에 물질세계를 이루고 있는 아원자입자들에 대해 알게 되었습니다. 이 입자들이 엄청난 속도로 계속해서 일어났다가 사라진다는 것은 이미 알려져 있었습니다. 이제 이 과학자는 입자가 일 초에 몇 번이나 일어났다가 사라지는지 셀 수 있는 기계를 개발하기로 결심했습니다. 그는 거품상자라고 정말 적절하게 이름 붙인 기계를 발명하여, 아원자입자가 1초에 10^{22}번 일어났다 사라진다는 것을 발견했습니다.

이 과학자가 발견한 진리는 붓다가 발견한 것과 똑같은 것입니다. 그러나 그 둘 사이에는 얼마나 엄청난 차이가 있을까요? 인도에서 코스를 마친 미국인 수련생들이 나중에 돌아가서 이 과학자를 방문했습니다. 그들은 그가 이 실제를 발견했음에도 보통 사람들이 갖고 있는 그 흔한 고통을 쌓아놓고 여전히 보통 사람으로 살아가고 있다고 했습니다. 그는 고통에서 전혀 자유로워지지 못한 것입니다!

그렇습니다. 이 과학자는 깨달은 사람이 되지도 못했고 모든 고통으로부터 자유로워지지도 못했습니다. 왜냐하면 진리를 직접 경험하지 않았기 때문이지요. 그가 발견한 것은 그저 지식일 뿐입니다. 그가 이 진리를 믿는 이유는 자신이 개발한 기계에 대한 신뢰를 갖고 있기 때문입니다. 그러나 그는 그 진리를 직접 경험하지 않았습니다.

저는 이 사람에게나 현대과학에 대해 반감은 전혀 없습니다. 그러나 외부세계만의 과학자가 되어서는 안 됩니다. 붓다처럼 진리를 직접 경험하기 위해서 내면세계의 과학자도 되어야 하는 것입니다. 진리를 몸소 깨달음으로써 자연적으로 마음의 습관적 경향들이 변화하게 될 것입니다. 그러면 그 사람은 진리에 근거해 살아가기 시작합니다. 모든 행동이 자신과 다른 사람들의 유익함을 위한 것이 됩니다. 이런 내적 경험이 없다면 과학은 파괴적인 종말을 위해 잘못 사용될 수도 있습니다. 그러나 우리가 내면의 실제를 연구하는 과학자가 된다면, 모든 이의 행복을 위해 과학을 적절하게 이용할 수 있을 것입니다.

chapter 3

직접적인 원인

THE ART OF LIVING

"고통으로부터 벗어나기 위한 첫 단계는,
그것을 실제 그대로 받아들이는 것입니다.
철학이나 신념으로서가 아니라 사실로서,
삶 속에서 우리 모두에게 영향을 끼치고 있는
고통의 존재를 받아들이는 것입니다."

모두 오래오래 행복하게 산다는 동화 속 세상은 현실과 전혀 맞지 않습니다. 삶은 불완전하고 미완성이며 불만족스럽다는 사실로부터, 즉 고통이 존재한다는 진리로부터 우리는 벗어날 수 없습니다.

이러한 현실에서 우리가 알아야 할 중요한 것들은 고통의 원인이 존재하는가 그리고 그렇다면 그 고통을 없앨 수 있도록 그 원인을 제거할 수 있을까 하는 것입니다. 우리에게 고통을 가져다주는 일들이 우리의 통제나 영향 없이 그저 아무렇게나 막 일어나는 것이라면, 우리는 무능한 존재이며, 고통으로부터 벗어나려고 하는 시도도 하지 않을 것입니다. 혹은 우리의 고통이 어떤 전지전능한 존재의 명령에 의한 것이고, 그가 제멋대로에다 이해할 수 없는 방식으로 행동하고 있는 거라면, 우리는 이 존재를 달래어 그가 더 이상 우리에게 고통을 주지 않도록 하는 방법을 찾아야 합니다.

붓다는 우리의 고통이 단순히 우연의 산물이 아님을 깨달았습니다. 모든 일이 그러하듯이 고통에도 원인이 있습니다. 원인과 결과의 법칙인 **깜마**kamma는 모든 존재에 보편적이고 기본적인 것입니다. 우리가 통제할 수 없는 원인이란 없습니다.

깜마

깜마라는 단어(혹은 더 익숙한 산스크리트어로는 카르마karma)는 흔히 '운명'이라고 해석되고 있습니다. 유감스럽지만, 이 뜻은 붓다가 깜마라고 말할 때 의도했던 것과 정반대입니다. 운명이란 것은 우리가 통제할 수 없는 것, 신의 섭리요, 법칙으로서, 우리 모두의 삶을 미리 정해왔던 것을 말합니다. 그러나 깜마란 문자 그대로 해석하면 '행동'이라는 뜻입니다. 우리가 한 행동이 우리가 경험하는 모든 것의 원인이 됩니다. "모든 존재는 자신의 행위를 소유하고, 행위를 물려받으며, 행위로 인해 생겨나고, 행위에 얽매여있다. 자신의 행위가 자신의 안식처이다. 행위의 천함과 고귀함에 따라 자신의 삶도 그러할 것이다."*

우리가 삶에서 마주하는 모든 것은 우리 행동의 결과입니다. 따라서 행위의 주인이 됨으로써 우리는 자기 운명의 주인이 될 수 있습니다. 각자가 자신의 고통이 일어나게 한 행동에 대한 책임이 있

---

* 《맛지마 니까야》 135, 〈쭐라 깜마 위방가 숫따Cūla Kamma Vibhaṅga Sutta〉.

습니다. 각자가 자신의 행위 속에 고통을 멈추게 할 수단을 갖고 있습니다. 붓다는 말했습니다.

> 당신이 당신의 주인이고,
> 당신이 당신의 미래를 만든다.[••]

　지금 우리 모두는 마치 운전하는 법을 한 번도 배워본 적 없이, 운전석에 눈가리개를 하고 앉아 혼잡한 고속도로에서 질주하는 차에 타고 있는 것과 같습니다. 아마 사고를 내지 않고서는 목적지에 도달할 수 없을 것입니다. 자신이 차를 조종하고 있다고 생각하겠지만, 실은 그 차가 자신을 조종하고 있는 것입니다. 만약 사고를 방지하고 싶다면, 혼자 힘으로 목적지에 도착하고 싶다면, 눈가리개를 벗고 운전하는 방법을 배워 최대한 빨리 위험에서 빠져나오도록 조정해야 합니다. 마찬가지로 우리가 하고 있는 행위를 알아차려야 하고, 그다음에 우리가 진정 도달하고자 하는 곳으로 이끌어주는 행위를 하는 방법을 배워야 합니다.

세 가지 유형의 행위
행위에는 물리적 행위·언어적 행위·정신적 행위 세 가지 종류가

[••]　〈담마빠다〉, XXV. 21 (380).

있습니다. 보통 우리는 물리적 행위가 가장 중요하다고 생각합니다. 그다음이 말로 하는 행위, 그리고 생각하는 행위가 가장 덜 중요하다고 여깁니다. 우리에게는 사람을 때리는 것이 그를 욕하는 것보다 더 심각해 보이고, 이 두 가지는 그 사람에게 직접 표현하지 않고 나쁜 의도를 갖는 것보다 엄중한 것으로 보입니다. 대부분의 나라에서 시행되는 사람의 법에 따르자면, 그렇게 생각하는 것이 맞을 것입니다. 그러나 담마, 자연의 법에 따르면, 정신적 행위가 가장 중요한 것입니다. 물리적 혹은 언어적 행동은 그것을 행할 때의 의도가 무엇이었느냐에 따라 의미가 완전히 달라집니다.

의사는 생명이 위급한 환자를 살리려고 수술용 칼을 써서 수술을 하는데, 잘못되어 환자가 죽기도 합니다. 살인자는 사람을 죽이려고 단도로 찌릅니다. 물리적으로 그들의 행위와 그 결과는 동일합니다. 그러나 정신적으로 그들은 완전히 다릅니다. 의사는 자비에서, 살인자는 증오감에서 비롯된 행위를 합니다. 정신적 행위에 따라 그들이 얻는 결과는 완전히 다른 것입니다.

언어적 행위를 할 때도 마찬가지로 그 의도가 가장 중요합니다. 한 사람이 동료와 싸우고 바보라고 욕합니다. 분노에 차서 말을 합니다. 똑같은 사람이 자기 아이가 진흙에서 노는 것을 보고 바보라고 부릅니다. 사랑을 담아 이렇게 말합니다. 두 경우에 똑같은 말을 했지만, 실은 완전히 다른 마음 상태를 드러냅니다. 말의 의도에 따라 그 결과가 정해지는 것입니다.

말이나 행위, 겉으로 드러나는 영향은 단지 정신적 행위의 결과일 뿐입니다. 표현된 것의 실제 의도에 따라 평가하는 것이 적절합니다. 정신적 행위야말로 미래의 결과를 가져오는 원인, 즉 진정한 깜마입니다. 이 진리를 이해하면서 붓다는 말했습니다.

마음이 모든 현상에 앞서 있습니다.
마음이 가장 중요하고 모든 것은 마음이 만들었습니다.
순수하지 못한 마음으로
말이나 행동을 하면
괴로움이 그 사람을 따를 것입니다.
수레바퀴가 수레를 끄는 동물의 발을 따르듯이.

마음이 모든 현상에 앞서 있습니다.
마음이 가장 중요하고 모든 것은 마음이 만들었습니다.
순수한 마음으로
말이나 행동을 하면
행복이 그 사람을 따를 것입니다.
결코 떠나지 않는 그림자처럼.*

● 앞의 책, I. 1과 2.

고통의 원인

그러나 어떤 정신적 행위가 우리의 운명을 좌우합니까? 마음이 의식·지각·감각·반응으로만 이루어졌다면, 그중 어느 것이 고통을 일으키는 것입니까? 그것들 모두가 어느 정도는 고통의 과정과 관련이 있습니다. 그러나 앞의 세 가지는 주로 수동적입니다. 의식은 단순히 경험에 관한 초기 자료를 받아들일 뿐입니다. 지각은 그 자료들을 분류합니다. 감각은 앞의 단계들이 일어났다는 신호를 보냅니다. 이 세 가지 과정의 일은 그저 들어오는 정보를 소화하는 것입니다. 그러나 마음이 반응하기 시작할 때는 수동적이 아니라, 끌어당기고 밀어내며 좋아하고 싫어합니다. 이 반응은 새로운 현상의 사슬이 엮이게 합니다. 이 사슬의 시작은 반응, 즉 상카라sankāra입니다. 이것 때문에 붓다가 다음과 같이 말했던 것입니다.

어떤 고통이 일어나든

그 원인인 반응이 있다.

모든 반응이 멈추면

더 이상 고통도 없을 것이다.*

진짜 깜마, 고통의 진짜 원인은 마음의 반응입니다. 한순간의 좋

---

* 《숫따 니빠따Sutta Nipāta》, III. 12, 〈드와야따누빳사나 숫따Dvayatānupassanā Sutta〉.

아하고 싫어하는 반응은 그렇게 강하지 않을 수도 있고, 대단한 결과를 가져오지 않을 수도 있습니다. 그러나 이것은 축적됩니다. 반응이 순간순간 반복되어 매번 심화되면, 갈망과 혐오가 생겨납니다. 이것이 첫 설교에서 붓다가 **딴하**_{tanhā}라고 한 것, 문자 그대로 설명하면 '갈애'라고 하는 것입니다. 즉 이룰 수 없는 것을 끝없이 바라는, 동시에 이미 이루어진 것에 대해 돌이킬 수 없는 불만을 갖는 정신적 습관입니다.** 그리고 그 갈망과 불만은 그것이 클수록 우리의 사고방식, 언행에 더 큰 영향을 미치게 되고 더 많은 고통을 낳습니다.

붓다는 다음과 같이 말했습니다. 어떤 반응들은 물 위에 그려진 선들과 같아서 그려지자마자 지워집니다. 어떤 반응들은 해변의 모래에 그려진 것과 같아서 아침에 그렸어도 저녁이면 파도나 바람 때문에 없어집니다. 또 다른 반응들은 끌과 망치로 바위에 새겨놓은 것과 같다고 했습니다. 바위가 풍화되면서 그것들도 사라질 테지만 그러기까지 오랜 시간이 걸릴 것입니다.***

우리의 삶 속에서 마음은 매일 반응을 일으킵니다. 그러나 하루가 끝날 무렵 그것들을 기억하려고 하면, 그날 중에 인상 깊었던 것 하나둘 정도만을 기억할 수 있을 것입니다. 한 달이 다 지나고

●● 《상윳따 니까야》 LVI (XII). ii. 1, 〈담마-짝깝빠왓따나 숫따_{Dhamma -cakkappavattana Sutta}〉.
●●● 《앙굿따라 니까야》 III. xiii. 130, 〈레카 숫따_{Lekha Sutta}〉.

나서 그동안의 우리의 반응들을 기억하려고 하면, 그동안 가장 인상 깊었던 일 한두 개만 기억할 수 있을 것입니다. 이런 식으로, 한 해를 마무리할 때도 그동안 가장 강한 인상을 남긴 한두 개 정도의 반응들만 기억할 수 있을 것입니다. 이와 같은 깊은 반응들은 매우 위험해 엄청난 고통을 일으킵니다.

그런 고통으로부터 벗어나기 위한 첫 단계는, 그것을 실제 그대로 받아들이는 것입니다. 철학이나 신념으로서가 아니라 사실로서, 삶 속에서 우리 모두에게 영향을 끼치고 있는 고통의 존재를 받아들이는 것입니다. 고통이 무엇인지, 왜 우리가 고통받는지 이해하고 받아들이면, 우리는 조종당하는 것을 멈추고 직접 조종을 시작할 수 있습니다. 우리가 자신의 본성을 직접 깨닫는 법을 배우면, 고통에서 벗어나는 길로 들어설 수 있습니다.

질문과 고엔카 선생님의 답변

Q 고통이 자연스러운 삶의 한 부분이지 않나요? 왜 그것에서 벗어나려고 노력해야 합니까?

A 우리는 고통과 너무 일체화되어서 그것에서 벗어나는 것이 부자연스럽게 보입니다. 그러나 당신이 정신적 순수함의 진정한 행복을 경험하면, 그것이 마음의 자연스러운 상태임을 알게 될

겁니다.

Q 고통스런 경험이 사람을 더 기품 있게 하고 성숙하게 도와주지 않습니까?

A 맞습니다. 사실 이 명상법은 수련생을 고귀한 사람으로 만들기 위해 일부러 고통을 도구로 사용합니다. 그러나 고통을 객관적으로 바라보는 방법을 배워야만 그렇게 될 겁니다. 만약 고통에 집착한다면, 그 경험은 당신을 고귀하게 만들지 않을 겁니다. 당신은 항상 비참한 상태로 남아있게 될 것입니다.

Q 우리 행위를 통제한다는 게 일종의 억제 아닌가요?

A 그렇지 않습니다. 당신은 무슨 일이 일어나든 그저 객관적으로 바라보는 방법을 배웁니다. 화가 나면서도 그 분노를 숨기고, 꾹 참으려고 하면, 맞아요, 그것은 억제입니다. 그러나 당신은 그 분노를 바라봄으로써 그것이 사라진다는 것을 자연히 발견하게 될 것입니다. 객관적으로 관찰하는 법을 배운다면 당신은 그 분노로부터 자유로워질 것입니다.

Q 만약 스스로를 계속 관찰한다면, 어떻게 정상적으로 살아갈 수 있겠습니까? 우리는 스스로를 관찰하느라 너무 바빠서 자유롭고 즉흥적으로 행동할 수 없을 겁니다.

A 명상 코스를 마치고 난 사람들은 그렇지 않다는 걸 알게 됩니다. 여기서 당신은 필요할 때마다 일상 속에서 스스로를 관찰하는 능력을 갖게 해주는 정신적 훈련을 받게 됩니다. 남은 인생 내내 눈을 감고 앉아서 이 명상을 하라는 게 아니에요. 매일 하는 육체적 운동이 당신을 건강하게 해주듯이, 이 정신적 운동이 당신을 강하게 해줄 겁니다. 당신이 말하는 '자유롭고 즉흥적인 행동'이란 사실 무의식적인 반응으로, 해로운 것입니다. 스스로를 관찰하는 법을 배우면, 살아가면서 힘든 일이 일어날 때마다 평정심을 유지할 수 있을 겁니다. 그 평정함으로 어떻게 행동할 것인지 자유롭게 정할 수 있어요. 당신은 진정한 행위, 즉 항상 긍정적이고, 자신과 남들에게 유익한 행동을 취할 것입니다.

Q 원인 없이 우연히 일어나는, 그냥 일어나는 일은 정말 없는 건가요?

A 원인 없이 일어나는 일은 없습니다. 불가능하지요. 때로 우리의 감각과 지성의 한계 때문에 완전히 알 수 없지만, 그렇다고 해서 그 일에 원인이 없다는 의미는 아닙니다.

Q 인생의 모든 것이 예정되어 있단 뜻인가요?

A 글쎄요. 확실한 것은 우리의 과거 행동들이 열매를 맺는다는 것입니다. 그게 좋은 것이든 나쁜 것이든 말이죠. 그것들이 우

리가 어떤 삶을 살게 될지, 우리가 처할 상황들을 결정하게 될 겁니다. 그러나 이 말이, 우리의 삶이 이미 운명 지어졌고, 과거 행동의 결과로서 바꿀 수 없으며, 그 밖에는 다른 어떤 일도 일어날 수 없다는 그런 의미가 아닙니다. 내 말은 그런 뜻이 아니에요. 우리의 과거 행동들은 우리 삶의 흐름에 영향을 미칩니다. 행복한 경험 혹은 불행한 경험을 겪게 하지요. 그러나 마찬가지로 현재의 행위도 중요합니다. 자연은 우리가 현재의 주인이 될 수 있는 능력을 주었습니다. 이 능력으로 우리의 미래를 바꿀 수 있습니다.

Q 그렇지만 다른 사람들의 행위가 우리에게 영향을 미치지 않습니까?

A 물론 그렇습니다. 우리는 주변 사람들과 환경에 영향을 받고, 우리 또한 그들에게 영향을 끼칩니다. 예를 들어서, 대부분의 사람이 폭력적 성향을 갖고 있다면 전쟁이 일어나고 파괴를 일삼을 것입니다. 많은 사람이 고통받겠지요. 그러나 사람들이 마음을 정화하기 시작한다면, 그런 폭력은 일어나지 않을 것입니다. 문제의 근원은 개개인의 마음속에 있는 것이지요. 사회는 개인들로 구성되어 있으니까요. 개인이 변하기 시작하면 사회가 변화할 것이고, 그러면 전쟁과 파괴는 매우 드문 일이 될 것입니다.

Q 각자가 자신의 행위의 결과를 마주해야만 하는데, 우리가 어떻게 서로를 도울 수 있습니까?

A 우리의 정신적 행위는 다른 사람에게 영향을 미칩니다. 우리가 마음속에 부정성만 일으킨다면, 그 부정성은 우리가 접하는 사람들에게 해로운 영향을 미칠 것입니다. 우리 마음을 다른 이들을 위한 선의와 긍정성으로 채우면, 이는 우리 주변 사람들을 도울 것입니다. 당신은 다른 사람들의 행위, 깜마를 어떻게 할 수는 없습니다. 그러나 주변 사람들에게 긍정적인 영향을 주기 위해서 스스로가 자신의 주인이 될 수는 있습니다.

Q 왜 부유한 것이 좋은 카르마입니까? 그렇다면 서양에 있는 사람들 대부분은 좋은 카르마를 가졌고 제3세계에 있는 사람들은 나쁜 카르마를 갖고 있다는 건가요?

A 단순히 부유하다는 것은 좋은 카르마가 아닙니다. 당신이 부유하지만 비참한 상태로 남아있다면, 그 부가 다 무슨 소용입니까? 부유하면서 행복한 것이 진정한 행복이지요. 그것이 좋은 카르마입니다. 부유하든 아니든, 가장 중요한 것은 행복해지는 것이에요.

Q 반응하지 않는다는 것은 정말 부자연스러운데요?

A 당신이 깨끗하지 못한 마음의 잘못된 습관방식만 경험해 왔다

면 그렇게 보일 겁니다. 그러나 순수한 마음의 원상태는 집착이 없고, 사랑·자비·선의·기쁨·평정심으로 가득 차 있습니다. 그것을 경험하는 법을 배우세요.

Q 우리가 반응하지 않는다면 어떻게 살아간단 말입니까?

A 반응하는 대신에 행동하는 법을 배우세요. 균형 잡힌 마음으로 행동하는 법을 말입니다. 위빳사나 명상가들이 아무 일도 하지 않는 식물같이 되는 것은 아닙니다. 그들은 긍정적으로 행동하는 법을 배웁니다. 반응에서 행동으로 삶의 양식을 바꾼다면, 당신은 굉장히 값진 것을 얻은 것입니다. 위빳사나 명상을 하면 그렇게 할 수 있습니다.

씨앗과
열매

원인에 따라 결과가 일어납니다. 콩 심은 데 콩 나고, 팥 심은 데 팥 날 것입니다. 어떤 행동을 했으면 과보가 따를 것입니다.

한 농부가 같은 땅에 씨앗 두 개를 심었습니다. 하나는 사탕수수의 씨앗이었고, 다른 하나는 열대지방의 매우 쓴맛이 나는 님나무neem tree, 인도멀구슬나무의 씨앗이었습니다. 두 씨앗은 같은 땅에서 똑같이 물을 받고, 똑같은 햇볕 아래서, 똑같은 공기로 숨 쉬었습니다. 자연은 그들에게 똑같은 양분을 제공했습니다. 작은 두 식물이 싹을 틔우고 자라나기 시작합니다. 님나무는 어떻게 되었습니까? 님나무의 섬유는 쓴맛으로 가득해졌습니다. 사탕수수는 모든 섬유가 달콤함으로 채워졌는데 말이죠. 왜 자연은, 아니 당신이 원한다면 이렇게 말해봅시다. 왜 신은 어떤 이에게는 정말 친절하고 다른 이에게는 잔인한 것입니까?

그렇지 않습니다. 그렇지 않지요. 자연은 친절하지도 잔인하지도 않습니다. 그것은 그저 정해진 법칙에 따라 작용할 뿐입니다. 자연은 그저 씨앗의 성질이 드러나도록 돕는 것뿐입니다. 모든 영양은 그저 씨앗의 성질이 발현되도록 돕습니다. 사탕수수 씨앗은 단 성질을 갖고 있으니, 그 식물을 심으면 단맛만 날 것입니다. 님나무 씨앗은 쓴 성질을 갖고 있으니, 심으면 쓴맛만 나는 나무가 될 것입니다. 콩 심은 데 콩 나고, 팥 심은 데 팥 나는 것입니다.

농부가 님나무에 가서 절을 세 번 하고 주변을 백팔 번 돌고 나서, 꽃과 향, 초와 과일, 단 음식을 바칩니다. 그러고 나서 그는 기도하기 시작합니다. "오, 님나무 신이시여, 저에게 제발 달콤한 망고를 주시옵소서! 저는 달콤한 망고를 원합니다!" 불쌍한 님나무 신 같으니. 그는 망고를 줄 수 없습니다. 그에게는 그렇게 할 능력이 없지요. 달콤한 망고를 원한다면, 망고나무의 씨앗을 심어야만 합니다. 그러면 누구에게 울고불고 애원할 필요가 없습니다. 그가 얻게 될 열매는 오직 달콤한 망고일 테니까요. 콩 심은 데 콩 나고, 팥 심은 데 팥 나는 것입니다.

우리의 문제, 우리의 무지는 그것이 어떤 성질을 갖고 있는지 별 신경도 쓰지 않은 채 씨앗을 심고 있다는 것입니다. 우리는 계속해서 님나무 씨앗을 심고 있습니다. 그러나 열매를 거둬들일 때가 오면 갑자기 정신을 차립니다. 달콤한 망고를 원하지요. 망고를 바라면서 울면서 기도합니다. 이런 식으로는 안 되지요.*

● 《앙굿따라 니까야》I. xvii, 〈에까 담마 빠알리Eka Dhamma Pāli〉(2)를 참조하였다.

chapter 4

문제의 근원

"우리는 여전히 현재 삶에서 문제들을 겪고 있습니다.
우리에게 가장 중요한 것은
지금 이 문제들을 푸는 것,
반응하는 습관을 멈추고 고통을 멈추는 방향으로 나아가는 것,
그리고 지금 자유의 행복을 경험하는 것입니다."

붓다가 말했습니다. "고통의 진리는 끝까지 파헤쳐 보아야 한다."[*]
그가 깨달음을 얻으려는 날 밤, 그는 고통이 어떻게 일어나고 어떻
게 제거되는지 이해하기 전까지는 일어나지 않겠노라고 굳은 결심
을 하고 앉았습니다.

고통의 정체

그는 고통이 존재함을 분명히 보았습니다. 아무리 이것이 마음에
안 들어도 피할 수 없는 사실입니다. 고통은 삶의 시작과 함께 시
작됩니다. 자궁 안에서 어떤 일이 있었는지 우리는 기억하지 못합
니다. 그러나 자궁 밖으로 나오면서 흔히 겪는 것은 울면서 태어난

• 《상윳따 니까야》 LVI (XII). ii. 1, 〈담마-짝깝빠왓따나 숫따Dhamma-cakkappavattana Sutta〉.

다는 것입니다. 탄생이란 굉장히 충격적인 경험입니다.

　삶을 시작하면서, 우리는 모두 질병과 늙음의 고통을 겪게 되어 있습니다. 아무리 아파도, 아무리 노약해져도, 아무도 죽고 싶어 하지 않습니다. 죽음이란 큰 고통이기 때문입니다.

　모든 생명체는 이런 고통을 마주해야 합니다. 우리는 살아가면서 여러 가지 다른 육체적·정신적 고통을 겪게 되어있습니다. 우리는 불쾌한 일에 맞닥뜨리거나, 즐거운 일에서 멀어지는 경험을 하게 됩니다. 원하는 일은 일어나지 않고, 원하지 않는 일은 일어납니다. 이 모든 경우가 고통입니다.

　이런 예들은 누구나 한 번쯤 깊이 생각해 보면 이미 다 알고 있는 것들입니다. 그러나 붓다는 지적인 설명의 한계에 만족할 수 없었습니다. 그는 고통의 진정한 본성을 경험하기 위해 계속해서 면밀히 연구했고, "다섯 가지 집합(몸, 의식, 지각, 감각, 반응)에 대한 집착이 고통이다"*라는 것을 발견했습니다. 아주 깊은 차원에서 고통은 우리가 인식·지각·감각·반응을 통해 몸과 마음에 대해 갖게 되는 과도한 집착입니다. 사람들은 자신의 정체성, 즉 정신적·육체적 존재에 집착합니다. 사실은 끊임없는 과정만이 있을 뿐인데도 말입니다. 자신에 대한 비현실적인 관념에 대한 집착, 실제로는 계속해서 변하는 것에 대한 이런 집착이 고통입니다.

●　앞의 책, 같은 곳.

집착

집착에는 일곱 가지 유형이 있습니다. 첫 번째는 감각적 만족을 원하는 습관에 대한 집착입니다. 마약중독자가 마약을 하는 이유는 마약으로 인한 유쾌한 감각을 경험하기를 바라기 때문입니다. 마약을 할수록 더욱 중독될 것을 알면서도 말입니다. 마찬가지로 우리는 갈망의 상태에 중독되어 있습니다. 한 욕망이 충족되자마자 또 다른 욕망을 일으킵니다. 대상은 부차적인 것입니다. 실제로 우리는 갈망의 상태를 계속해서 유지하려고 합니다. 왜냐하면 바로 이 갈망이 유쾌한 감각을 만들어내면, 우리는 그 감각을 연장시키고 싶어하기 때문입니다. 갈망은 우리가 끊을 수 없는 습관, 중독이 되어버립니다. 그리고 점점 내성이 생긴 중독자가 황홀감을 느끼려면 약을 더 많이 투여해야 하듯이, 채우려고 하면 할수록 갈망은 더욱 커집니다. 이런 식으로는 갈망을 없앨 수 없습니다. 그리고 갈망하는 한 절대 행복해질 수 없습니다.

두 번째 큰 집착은 '나', 자아, 우리 스스로의 이미지에 대한 것입니다. 누구에게나 '나'는 세상에서 가장 중요한 사람입니다. 우리는 철가루로 둘러싸인 자석처럼 행동합니다. 자석은 자기를 중심으로 철가루를 자동 배열하여 무늬를 만듭니다. 우리는 생각 없이 본능적으로 세상을 우리 입맛대로 하려고 합니다. 좋은 것은 가까이 두려 하고, 싫은 것은 멀리 내쫓으려고 하면서 말이죠. 그러나 이 세상에 혼자인 사람은 없습니다. 하나의 '나'는 다른 '나'와 갈등을 겪게 되어있습니다. 각자가 창조하고자 하는 무늬는 다른 사람의 자기장에 의해 방해를 받게 되고, 우리 자신도 갈망이나 혐오의 대상이 됩니다. 그 결과는 오직 불행, 고통뿐입니다.

'나'에 대한 집착은 끝도 없습니다. 이 집착은 '내 것'으로 확장됩니다. 우리에게 속한 것은 무엇이든 말이죠. 우리는 소유한 것에 대단한 집착심을 키웁니다. 그것이 우리와 관련되어 있고, 그것이 '나'의 이미지를 형성하기 때문입니다. 사람들이 '내 것'이라고 칭하는 것이 영원하고 '내'가 영원히 그것을 즐길 수 있다면, 이런 집착은 전혀 문제가 되지 않을 것입니다. 그러나 실제로는 얼마 안가 '나'는 '내 것'으로부터 분리될 것입니다. 이 분리의 순간은 오게 되어있습니다. 그 순간이 올 때 '내 것'에 매달릴수록 고통은 커질 것입니다.

그리고 집착은 우리의 견해와 믿음으로까지 확대됩니다. 실제 내용이 무엇이든, 옳든 그르든 간에 그것에 집착하게 되면 틀림없이 불행해질 것입니다. 모두 자신의 견해와 전통이 최고라고 확신합니다. 그래서 그것을 비판하는 말을 들으면 매우 화를 냅니다. 자신의 견해를 설명하는데 다른 사람들이 그것을 받아들이지 않으면 또 화를 냅니다. 각자가 자신만의 믿음을 지니고 있다는 것을 알아차리지 못하는 것입니다. 어떤 시각이 옳은 것인지 논쟁하는 것은 헛된 짓입니다. 모든 선입견은 일단 내려놓고 현실을 있는 그대로 파악하려고 하는 것이 훨씬 유익할 것입니다. 그러나 우리의 집착은 그렇게 하는 것을 방해하고, 우리를 계속 불행하게 합니다.

마지막으로 종교의 형식과 예식에 대한 집착이 있습니다. 우리는 그 숨겨진 뜻을 헤아리기보다는 종교의 외적 형식만 강조하고, 그런 형식을 따르지 않는 사람들은 신실한 사람이 아니라고 생각하는 경향이 있습니다. 종교의 형식이란 그 핵심이 없다면 텅 빈 껍질에 불과하다는 것을 잊어버리고 있는 것입니다. 마음이 분노, 격정, 악의로 가득 차 있는 상태에서 비롯된 기도나 행위 속의 신심은 아무 의미도 없습니다. 진정 종교적이 되려면 종교적인 태도를 계발해야 합니다. 모든 이를 위한 순수한 마음과 사랑, 자비를 계발해야 하는 것입니다. 그러나 종교의 외형에 대한 집착 때문에 그 정신보다 경전에 더 중요성을 둡니다. 우리는 종교의 핵심을 잃어버렸고, 그래서 비참한 상태에 놓여있는 것입니다.

우리의 고통이 무엇이든 모두 이런저런 집착들에 연결되어 있습니다. 집착과 고통은 항상 같이 발견됩니다.

조건화가 일어남: 고통을 일으키는 인과의 사슬

무엇이 집착을 일으킵니까? 왜 일어납니까? 붓다는 자신을 탐구하면서 좋아하고 싫어하는 순간적인 정신적 반응 때문에 집착이 생긴다는 것을 발견했습니다. 순간적이고 무의식적인 마음의 반응이 매 순간 반복되고 강렬해지면서, 강력한 이끌림과 밀어냄으로, 우리의 모든 집착으로 발전됩니다. 집착이란 순간적 반응이 발전된 형태일 뿐입니다. 이것이 고통의 직접적인 원인입니다.

무엇이 좋아함과 싫어함을 일으킵니까? 더 깊이 파고든 결과, 붓다는 그것이 감각 때문에 일어난다는 것을 보았습니다. 우리는 유쾌한 감각을 느끼고 그것을 좋아하기 시작합니다. 불쾌한 감각을 느끼고 그것을 싫어하기 시작합니다.

그럼 이런 감각들은 왜 일어납니까? 무엇이 그것의 원인입니까? 계속해서 자신의 내면을 면밀히 탐구하면서, 붓다는 그것들이 접촉, 말하자면 형상과 눈의 접촉, 소리와 귀의 접촉, 냄새와 코의 접촉, 맛과 혀의 접촉, 만져지는 것과 몸의 접촉, 생각·감정·견해·상상·기억과 마음의 접촉 때문에 일어난다는 것을 발견했습니다. 우리는 다섯 가지 신체 감각(시각·청각·후각·미각·촉각)과 마음을 통해서 세상을 경험합니다. 이 여섯 가지를 통해서 어떤 대상이나 현상을 접하게 되면 유쾌하거나 불쾌한 감각이 일어나게 됩니다.

그렇다면 애초에 왜 이런 접촉이 일어납니까? 붓다는 이 여섯 가지 감각 토대(다섯 가지 감각기관과 마음) 때문에 접촉이 일어나게 되어있음을 깨달았습니다. 세상은 보이는 것, 소리, 냄새, 맛, 감촉, 다양한 생각과 감정의 셀 수 없는 현상들로 가득 차 있습니다. 감각기관들이 작동하는 한, 접촉은 반드시 일어나게 되어있습니다.

그러면 왜 이 여섯 가지 감각 토대가 존재합니까? 이는 그것들이 마음과 물질의 지속적인 흐름의 필수요소이기 때문입니다. 자, 이 마음과 물질의 지속적 흐름이란 건 또 무엇입니까? 이것이 왜 일어나는 것입니까? 그 미래의 붓다는 이것이 의식, 즉 아는 자와 알게 되는 대상, 주체와 객체, '나'와 '나 아닌 것'으로 세상을 분리하는 인식의 행위 때문에 일어나는 과정임을 발견했습니다. 이 분리 때문에 정체성, '태어남'이 일어납니다. 매 순간 의식이 일어나 특정한 정신적·육체적 형태를 취합니다. 그다음 순간 또다시 의식은 약간 다른 형태를 띕니다. 한 사람이 살아있는 동안 의식은 계속 흐르고 변화합니다. 마지막 죽음의 순간에서도 의식은 멈추지 않습니다. 잠시도 쉬지 않고 의식은 그다음 순간에 새로운 형태를 띕니다. 한 존재에서 다음 존재로, 생에 생을 거쳐 의식의 흐름은 계속됩니다.

그렇다면 무엇이 의식의 흐름을 일으킵니까? 붓다는 반응 때문에 그것이 일어난다는 것을 발견했습니다. 마음은 항상 반응합니다. 그리고 모든 반응은 마음이 다음 순간에도 계속 흐를 수 있도록 하는 원동력이 됩니다. 반응이 강할수록 그 원동력도 강력해집니다. 한순간의 미약한 반응은 의식의 흐름을 겨우 잠시 동안만 지속시킬 수 있을 뿐입니다. 그러나 그 좋아하고 싫어하는 순간적 반응이 갈망과 혐오로 발전되면, 그것은 강력해져서 의식의 흐름을 많은 순간 동안, 몇 분 동안, 몇 시간 동안 지속시킵니다. 그리고 그 갈망과 혐오의 반응이 더욱 심해지면, 며칠 동안, 몇 달 동안, 혹은 몇 년 동안에도 지속됩니다. 그리고 특정한 반응들을 평생 계속해서 반복하고 강화한다면, 한 순간에서 다음 순간으로, 오늘에서 내

일로, 올해에서 내년으로, 더 나아가 이생에서 다음 생으로 의식의 흐름이 일어날 만큼 강력한 원동력을 만드는 것입니다.

그러면 무엇이 이런 반응들의 원인입니까? 실제의 가장 깊은 차원까지 관찰하면서, 붓다는 그것이 무지 때문에 일어난다는 것을 이해했습니다. 우리는 우리가 반응한다는 사실조차 모르고, 그리고 우리가 반응하는 대상의 본질이 뭔지도 모릅니다. 우리는 자신의 존재가 영원하지 않고 개인이라고 할만한 것이 없다는 사실을 모르며, 그리고 이러한 존재에 대한 집착이 고통만을 가져올 뿐이라는 것도 모릅니다. 자신의 진정한 본성을 모르는 채, 우리는 맹목적으로 반응합니다. 우리가 반응했다는 사실조차도 모르고, 계속해서 맹목적으로 반응하고, 반응이 강화되도록 내버려둡니다. 그래서 우리는 반응하는 습관에 감금되는 것입니다. 무지 때문에 말이지요.

고통의 수레바퀴는 이렇게 돌아가기 시작하는 것입니다.

무지가 일어나면, 반응이 일어난다.

반응이 일어나면, 의식이 일어난다.

의식이 일어나면, 마음과 물질이 일어난다.

마음과 물질이 일어나면, 여섯 가지 감각기관이 일어난다.

여섯 가지 감각기관이 일어나면, 접촉이 일어난다.

접촉이 일어나면, 감각이 일어난다.

감각이 일어나면, 갈망과 혐오가 일어난다.

갈망과 혐오가 일어나면, 집착이 일어난다.

집착이 일어나면, 되어감의 과정이 일어난다.

되어감의 과정이 시작되면, 태어남이 일어난다.

태어남이 일어나면, 늙음과 죽음이 일어난다. 슬픔, 애통함, 육체적·

정신적 고통 그리고 고난과 함께.

이런 식으로 이 모든 고통이 일어난다.*

이 조건화가 일어나는 인과의 사슬 때문에 우리는 지금의 존재
로 오게 된 것이며, 고통스러운 미래를 마주하고 있는 것입니다.

마침내 붓다는 진리를 명확히 깨닫게 되었습니다. 고통은 우리
의 본성, '나'라고 이름 붙인 현상의 실제에 대해 무지하기 때문
에 시작되는 것입니다. 고통의 다음 원인은 상카라sankhāra, 정신적
반응의 습관입니다. 우리는 무지 때문에 맹목적으로 갈망과 혐오
의 반응을 합니다. 이것이 온갖 불행으로 이끄는 집착을 만들어내
는데도 말이지요. 반응의 습관이 바로 우리의 미래를 빚어내는 깜
마kamma 입니다. 그리고 반응은 단지 우리가 진정한 본성에 대해 무
지하기 때문에 일어나는 것입니다. 무지, 갈망, 혐오는 삶 속 모든
고통의 뿌리가 되는 세 가지입니다.

• 《맛지마 니까야》 38, 〈마하-딴하상카야 숫따Mahā-taṇhāsankhaya Sutta〉.

고통에서 벗어나는 길

고통과 그 원인을 이해한 붓다는 그다음 질문으로 넘어갔습니다. 어떻게 하면 고통을 멈추게 할 수 있을까? 깜마의 법칙, 인과의 법칙을 기억하면서, "이것이 존재하면 저것이 일어난다. 저것은 이것이 일어남으로 인해서 일어난다. 만약 이것이 없다면, 저것은 일어나지 않는다. 이것이 더 이상 존재하지 않으면 저것은 멈춘다."* 어느 것도 원인 없이 일어나는 것은 없습니다. 원인이 제거되면 결과도 없을 것입니다. 이와 같은 방식으로, 고통이 일어나는 과정은 거꾸로 갈 수 있습니다.

> 무지가 제거되고 완전히 멈추면, 반응이 멈춘다.
>
> 반응이 멈추면, 의식이 멈춘다.
>
> 의식이 멈추면, 마음과 물질이 멈춘다.
>
> 마음과 물질이 멈추면, 여섯 가지 감각기관이 멈춘다.
>
> 여섯 가지 감각기관이 멈추면, 접촉이 멈춘다.
>
> 접촉이 멈추면, 감각이 멈춘다.
>
> 감각이 멈추면, 갈망과 혐오가 멈춘다.
>
> 갈망과 혐오가 멈추면, 집착이 멈춘다.
>
> 집착이 멈추면, 되어감의 과정이 멈춘다.

● 앞의 책, 같은 곳.

되어감의 과정이 멈추면, 태어남이 멈춘다.

태어남이 멈추면, 늙음과 죽음이 멈춘다. 슬픔, 애통함, 육체적·정신

적 고통 그리고 고난과 함께.

이런 식으로 이 모든 고통이 멈춘다.**

우리가 무지로부터 벗어난다면, 온갖 고통을 일으키는 맹목적 반응을 하지 않게 될 것입니다. 그리고 고통이 없다면 우리는 진정한 평화, 진정한 행복을 경험하게 될 것입니다. 고통의 수레바퀴는 해탈의 수레바퀴로 변할 수 있습니다.

이것이 싯다르타 고따마가 깨달음을 성취하기 위해 한 것입니다. 이것이 그가 다른 이들에게 수행하라고 가르친 것입니다. 그는 이와 같이 말했습니다.

올바르지 않은 일을 하면

스스로를 더럽힌다.

올바르지 않은 일을 하지 않으면

스스로를 정화한다.***

●● 앞의 책, 같은 곳.
●●● 〈담마빠다〉, XII. 9 (165).

고통을 일으키는 반응에 대한 책임은 각자에게 있습니다. 자신의 책임을 받아들이면 고통을 없애는 법을 배울 수 있습니다.

이어지는 존재의 흐름

붓다는 조건화가 일어나는 수레바퀴로 **삼사라**samsāra, 즉 다시 태어남의 과정을 설명했습니다. 그가 살던 당시 인도의 많은 사람은 이런 개념을 대개 사실이라고 받아들였습니다. 오늘날 많은 사람은 이런 생각을 좀 이상하게 여길 것입니다. 아마 증명될 수 없는 교리쯤으로 생각하겠지요. 그러나 어떤 생각을 받아들이거나 거부하기 전에 그것이 무엇인지 제대로 이해해야 합니다.

삼사라는 반복되는 존재의 순환, 과거와 미래 생의 연속입니다. 우리의 행위는 생에 생을 거듭하게 만드는 원동력입니다. 행위가 귀하고 천함에 따라 고귀하거나 미천한 삶을 살게 될 것입니다. 이런 측면에서 보면, 이 개념은 우리가 이생에서 한 행동에 따라 나중에 상과 벌을 받게 될 것이라고 가르치는 많은 종교와 근본적으로 다르지 않습니다. 그러나 붓다는 높은 신분의 부유한 사람들조차 고통을 겪는다는 것을 깨달았습니다. 그러므로 우리는 운이 좋은 삶으로 환생하기를 추구해서는 안 됩니다. 태어나지 않는 것이야말로 가장 운이 좋은 것이기 때문입니다. 우리가 추구해야 할 목표는 모든 고통으로부터 자유로워지는 것입니다. 고통의 순환고리로부터 자유로울 때, 우리는 세상의 어떤 세속적 기쁨보다 큰 순수한 행복을 경험합니다. 붓다는 바로 지금 이생에서 그런 행복을 경험하는 법을 가르쳤습니다.

삼사라는 흔히 알고 있는 것처럼 어떤 고정된 정체성을 유지하는 영혼이나 존재가 계속 환생한다는 개념이 아닙니다. 붓다는 이런 환생은 절대 일어나지 않는다고 말했습니다. 그는 생과 생을 거쳐 변하지 않는 존재는 없다고 했습니다. "이는 젖소로부터 우유가, 우유로부터 커드가, 커드로부터 버터가 만들어지고, 생버터로부터 정제버터, 그것으로부터 크림을 얻는 것과 같다. 우유를 보고 커드나 생버터, 정제버터나 크림이라고 생각하지 않는다. 이처럼 존재의 현 상태만이 실재하는 것이지 과거나 미래 상태는 실재하지 않는다."•

붓다는 고정된 한 자아가 여러 생을 거쳐 환생한다고도, 과거나 미래의 존재가 없다고도 말하지 않았습니다. 대신 그는 우리의 행위가 원동력을 제공하는 한, 한 존재에서 다른 존재로 되어가는 과정만이 계속된다는 것을 깨닫고 가르쳤습니다.

현재 말고는 다른 존재는 없는 것이라고 믿을지라도, 여전히 인과의 수레바퀴는 타당성을 가집니다. 우리가 자신의 맹목적 반응을 못 알아차리는 순간마다, 우리는 지금 여기에서 겪는 고통을 만들어냅니다. 이 무지를 제거하고 맹목적인 반응을 멈춘다면, 그 결

• 《디가 니까야》 9, 〈뽓타빠다 숫딴따Poṭṭhapāda Suttanta〉.

과 지금 여기에서 평화를 경험할 것입니다. 천국과 지옥은 지금 여기에 존재합니다. 이 삶 속에서, 이 몸 내부에서 경험하는 것입니다. 붓다는 말했습니다. "다른 세계가 있다고 믿지 않더라도, 선행을 하면 미래에 복을 받고 악행을 하면 벌을 받는다는 것을 믿지 않더라도, 혐오·악의·불안으로부터 벗어남으로써 바로 이생에서 행복하게 살 수 있다."[*]

과거나 미래의 존재에 대해 믿든 안 믿든, 우리는 여전히 현재 삶에서 문제들을 겪고 있습니다. 우리의 맹목적인 반응 때문에 일어난 문제들 말입니다. 우리에게 가장 중요한 것은 지금 이 문제들을 푸는 것, 반응하는 습관을 멈추고 고통을 멈추는 방향으로 나아가는 것, 그리고 지금 자유의 행복을 경험하는 것입니다.

질문과 고엔카 선생님의 답변

Q 유익한 갈망이나 혐오는 없나요? 예를 들어서 불의를 싫어한다던가, 자유를 원한다던가, 몸이 다치는 것을 두려워한다던가 말입니다.

A 갈망과 혐오는 절대 유익하지 않습니다. 그것들은 당신을 긴장시키고 불행하게 만들 것입니다. 마음속에 갈망이나 혐오감을

---

* 《앙굿따라 니까야》 III. vii. 65, 〈께사뭇띠 숫따 Kesamutti Sutta (Kālāma Sutta)〉, xvi.

지닌 채 행동한다면, 훌륭한 목표를 갖고 있더라도 그것을 성취하기 위해 불건전한 도구를 사용하고 있는 것입니다. 물론 자신을 위험으로부터 보호하기 위해 어떤 행동을 취해야지요. 겁에 질려서 그렇게 할 수 있습니다. 그러나 그렇게 하면 장기적으로 당신을 해치는 두려움의 강박관념을 계발하게 될 겁니다. 마음속에 혐오감이 차 있으면 불의에 대항해서 잘 싸울 수 있을 겁니다. 그러나 그 증오가 해로운 정신적 강박관념이 될 것입니다. 당신은 불의에 맞서야 합니다. 위험으로부터 자신을 보호해야 합니다. 그러나 긴장감이 없는 균형 잡힌 마음으로도 그렇게 할 수 있어요. 그리고 그런 방식으로, 남들을 위한 사랑으로, 훌륭한 목표를 위해 노력할 수 있습니다. 균형 잡힌 마음은 언제나 도움이 되고 최고의 결과를 가져올 것입니다.

Q 삶을 더 편안하게 만들어주는 물질적인 것들을 원하는 것이 잘못된 것입니까?

A 행복해지기 위해 물질적 부가 필요하고 당신이 그것에 집착하지 않는다면, 아무 문제도 없지요. 예를 들어서 당신이 목이 마릅니다. 물을 원하지요. 여기에 잘못된 게 없지요. 물이 필요하면 노력해서 물을 얻고 갈증을 해소하면 되는 것입니다. 그러나 만약 이것이 집착이 되면 물을 원한다는 것이 전혀 도움이 되지 않습니다. 오히려 당신을 해치게 되지요. 필요한 것이 있

으면 그것들을 얻기 위해 노력하세요. 어떤 것을 얻지 못하면 미소 짓고 다른 방법으로 노력해 보세요. 당신이 원하는 것을 얻었다면 그것을 즐기되 집착하지 마십시오.

Q 미래를 계획하는 것은 어떻습니까? 그것도 갈망이라고 생각하세요?

A 마찬가지로 갈망이냐 아니냐 하는 기준은 당신이 자신의 계획에 집착하고 있는지 아닌지입니다. 누구나 미래를 준비해야지요. 계획이 실패해서 울기 시작한다면, 당신이 그것에 집착했었다는 걸 알게 됩니다. 그러나 만약 실패했더라도 여전히 미소 짓고 "뭐, 난 최선을 다 했어. 실패하면 어때? 다시 도전할 거야!"라고 생각한다면, 그렇다면 당신은 집착에서 벗어나서 노력하는 것이고 여전히 행복할 것입니다.

Q 연기의 수레바퀴를 멈추는 것은 마치 자살, 자기소멸같이 들립니다. 우리가 그것을 원해야 하는 이유가 뭡니까?

A 생명의 소멸을 원하는 건 확실히 해로운 일입니다. 삶에 집착하는 것만큼이나 말이죠. 대신에 자연이 그 역할을 다하게 하는 법을 배우세요. 아무 갈망도, 심지어 해탈에 대한 갈망도 없이 말입니다.

Q 그렇지만 선생님께서 상카라의 사슬이 멈추고 나면, 환생하지 않는다

고 하셨잖아요.

A 그렇습니다. 그러나 그건 아주 먼 이야기입니다. 지금 이 삶에서의 당신을 챙기도록 하십시오! 미래에 대한 걱정은 하지 마세요. 현재를 좋게 만들면 미래도 자연히 좋아질 것입니다. 모든 태어남의 원인인 상카라가 제거되면 삶과 죽음의 과정은 확실히 멈출 것입니다.

Q 그러면 그게 소멸, 절멸 아닙니까?

A '나'라는 환상의 소멸입니다. 그것이 고통의 절멸입니다. 이것이 바로 닙바나nibbāna라는 단어의 뜻입니다. 불이 완전히 꺼진 것입니다. 누군가 갈망·혐오·무지로 인해 계속해서 불타고 있습니다. 그 불이 멈추면 고통도 멈춥니다. 그리고 나서 남는 것은 오직 긍정적인 것입니다. 그러나 이것을 말로 표현하는 것은 불가능합니다. 감각의 단계를 넘어선 것이기 때문이지요. 이것은 반드시 이 삶에서 경험해야 하는 것입니다. 그러면 그게 무엇인지 알게 될 겁니다. 그러면 존재의 소멸에 대한 두려움이 사라질 것입니다.

Q 그러면 의식은 어떻게 됩니까?

A 그걸 왜 걱정합니까? 말로 전할 수 없는, 오직 경험으로만 알 수 있는 것을 추측한다고 해서 당신에게 별 도움이 안 될 겁니

다. 그렇게 해봤자 당신의 진정한 목표, 그 단계에 도달하기 위해 노력하는 것을 방해할 뿐이에요. 그 단계에 이르면 그 상태를 즐기게 될 것이고, 모든 의문은 사라질 겁니다. 더 이상 질문이 없을 거예요! 그 단계에 이르도록 노력하세요.

Q 집착 없이 세상이 어떻게 돌아갑니까? 부모가 무심하다면 아이들조차 돌보지 않을 거예요. 집착 없이 어떻게 사랑하고 삶을 살아갑니까?

A 집착 없음이 무관심을 의미하는 것은 아닙니다. 정확히 말하자면, 이것은 '신성한 무관심'입니다. 부모로서 당신은 자녀를 사랑으로 돌볼 책임을 다해야 합니다. 그러나 집착하지 않고 그렇게 해야 하지요. 책임을 다하되 사랑이 넘쳐흘러서 그렇게 해야 합니다. 당신이 아픈 사람을 돌봐준다고 합시다. 당신이 돌봐줬지만 그는 회복하지 못했습니다. 이때 울지 마세요. 그건 쓸모없는 짓입니다. 평정심으로 그를 도울 다른 방법을 찾아보아야 합니다. 이것이 신성한 무관심입니다. 가만히 있는 것도 아니고 반응하는 것도 아니지요. 대신 균형 잡힌 마음으로 실질적이고 긍정적인 행동을 취하는 것입니다.

Q 그건 너무 어려워요!

A 그렇지요. 그러나 이것이 당신이 배워야만 하는 것입니다!

조약돌과
버터기름

어느 날 한 젊은이가 울고불고하면서 붓다에게 찾아왔습니다. 그는 완전히 자제력을 잃은 상태였습니다. 붓다가 그에게 물었습니다. "젊은이, 무슨 일인가?"

"부처님, 어제 저의 연로하신 아버지가 돌아가셨습니다."

"그래, 그걸 어찌하겠는가? 운다고 해서 다시 살아나는 것도 아니지 않은가?"

"맞습니다. 저도 알고 있어요. 운다고 해서 아버지께서 다시 살아나시지는 않을 겁니다. 그래서 제가 부처님 당신께 특별히 요청을 드리러 온 것입니다. 제 아버지를 위해 무언가 해주세요!"

"아니, 내가 돌아가신 자네 부친을 위해 뭘 할 수 있단 말인가?"

"부처님, 제발 뭐든지 좀 해주세요. 당신은 위대한 사람이시니 하실 수 있을 겁니다. 길거리의 종교인들, 면죄부 파는 사람들, 적선을 구하는 사람들은 죽은 사람들을 위해서 온갖 의식이나 제사를 지내잖아요. 어떤 의식을 행하면, 천국으로 향하는 문이 열리고 죽은 자의 영혼이 거기로 들어가는 것, 입국비자를 받는 거 말이에요. 부처님, 당신은 아주 위대하시니까, 당신께서 제 아버지를 위해 의식을 치러주신다면, 그는 입국비자가 아니라 영원히 머물 수 있는 영주권을 얻게 될 겁니다! 제발 부처님, 뭔가를 해주세요!"

이 딱한 친구는 너무 슬픔에 사로잡힌 나머지 이성적인 대화를 알아듣지 못했습니다. 붓다가 그를 가르치려면 다른 방법을 사용해야 했습니다. 그래서 붓다가 그에게 말했습니다. "좋네. 시장에 가서 항아리 두 개를 사 오게." 그 젊은이는 붓다가 죽은 아버지를 위해 의식을 치러주는 줄 알고 뛸 듯이 기뻐했습니다. 그는 시장에 가서 항아리를 갖고 돌아왔습니다. 붓다가 말했습니다. "자, 한 항아리에는 버터기름을 채우게." 젊은이는 그렇게 했습니다. "다른 항아리에는 자갈을 채우게." 젊은이는 또 그렇게 했습니다. "이제 항아리의 입구를 막게. 단단히 봉해야 하네." 젊은이는 시키는 대로 했습니다. "이제 저 연못 속에 갖다 놓게." 젊은이는 그렇게 했고, 두 항아리 모두 연못 바닥으로 가라앉았습니다. 붓다가 말했습니다. "자, 큰 막대기를 가져와서 항아리를 깨고 열어보게." 젊은이는 붓다가 아버지를 위해 훌륭한 의식을 치른다고 생각하면서 매우 행복해했습니다.

고대 인도의 풍습 중에는 사람이 죽으면 화장터에서 시체를 장작더미 위에 놓고 태우는 전통이 있습니다. 몸이 반쯤 타면 자식이 큰 막대기로 두개골을 깨뜨려 엽니다. 사람들은 옛날부터 이 세상에서 두개골이 열리면 천국으로 가는 문이 열린다고 믿었습니다. 그래서 그 젊은이는 이렇게 생각했습니다. "아버지 시신은 어제 다 태워 재가 되었으니, 상징적으로 이 항아리들을 깨뜨리라고 하시나 보다!" 그는 이 의식이 매우 만족스러웠습니다.

붓다가 시킨 대로 그는 큰 막대기를 가져다가 두 항아리를 세게 쳐서 깼습니다. 그러자마자 한 항아리에서 버터기름이 수면으로 떠올라 흘러가기 시작했습니다. 다른 항아리 속의 자갈은 연못 바닥에 쏟아져 가라앉았습니다. 그러자 붓다가 말했습니다. "이것 보게, 젊은이. 이것이 내가 할 수 있는 전부일세. 자네가 아는 그 성직자들이나 기적을 일으킬 줄 아는 사람들을 불러다가 '오, 자갈들이여, 올라오라, 올라오라! 오, 기름이여, 내려가라, 내려가라!'라고 기도해 보라고 하게. 무슨 일이 일어나는지 한번 보세."

"아니, 부처님, 무슨 농담을! 그게 말이 되는 소립니까? 자갈은 물보다 무거우니 당연히 바닥에 가라앉게 되어있습니다. 물에 뜰 수가 없다고요, 부처님. 이게 자연의 법칙이에요! 기름은 물보다 가벼워서 수면에 떠오르게 되어있습니다. 가라앉을 수가 없어요, 부처님. 이게 자연의 법칙입니다!"

"젊은이, 자연의 법칙에 대해 참 잘 알고 있군 그래. 그런데 왜 이 법칙은 이해하지 못했는가? 자네 아버지가 생전에 자갈과 같이 무거운 업을 지었다면 그 과보로 가라앉을 것이네. 그리고 그가 생전에 기름과 같이 가벼운 업을 지었다면 떠오르게 될 것이네. 누가 그를 끌어내릴 수 있겠는가?"

우리가 자연의 법칙을 일찍 이해하면 할수록, 그리고 일찍 그 법칙에 따라 살기 시작할수록, 더 일찍 고통에서 벗어날 수 있습니다.*

• 《상윳따 니까야》 XLII. viii. 6, 〈아시반다까뿟따 숫따Asibandhakaputta Sutta〉를 참조하였다.

chapter 5

도덕적 행위의 훈련

"담마를 수행하기를 원하는 사람들은
반드시 실라 *sīla*부터 실천해야 합니다.
이것 없이는 담마를 수행할 수 없습니다.
우리는 반드시 다른 사람을 해치는
모든 말이나 행동을 삼가야 합니다."

우리가 해야 할 일은 고통을 없애는 것입니다. 무지·갈망·혐오라는 고통의 원인을 제거함으로써 말입니다. 이 목표를 성취하기 위해서 붓다는 이 성취 가능한 목표를 위한 실질적인 길을 찾았고, 그 길을 걸었으며, 그 길을 가르쳤습니다. 그는 이 길을 여덟 가지 성스런 길(팔정도)이라고 불렀습니다.

　한번은 누군가가 이 길에 대해 쉽게 설명해 달라고 하자, 붓다가 말했습니다.

　　"모든 부도덕한 행위를 삼가고
　　도덕적인 행위를 하며
　　마음을 정화하라."
　　이것이 깨달은 사람들의 가르침이니라.[•]

이것은 누구나 받아들일 수 있는 명쾌한 설명입니다. 악한 행동을 삼가고 선한 행동을 해야 한다는 말에 모두가 동의합니다. 그러나 무엇이 해롭고 유익한지, 무엇이 선한 일이고 악한 일인지 어떻게 정의할 수 있습니까? 정의하려고 할 때마다 사람들은 자신들의 시각, 전통적 믿음, 기호나 선입견을 따르고, 그래서 누구는 받아들일 수 있고 누구는 받아들일 수 없는 편협하고 종파적인 정의를 내립니다. 붓다는 그런 편협한 정의 대신 건전한 것과 불건전한 것, 성스러움과 죄에 대한 보편적 정의를 내렸습니다. 다른 사람들을 해치는 행위, 즉 다른 이의 평화와 조화를 깨뜨리는 행위는 죄, 불건전한 행위입니다. 다른 사람들을 돕는 행위, 즉 다른 이들의 평화와 조화를 돕는 행위는 성스럽고 건전한 행위입니다. 마음은 종교적 의식이나 지적인 활동을 통해서는 진정 정화될 수 없습니다. 그러나 직접 실제를 경험하고 고통을 만들어내는 무의식적 습관을 체계적으로 없애면 마음은 정화됩니다.

여덟 가지 성스런 길은 **실라**sila · **사마디** samādhi · **빤냐**paññā의 세 단계로 나눌 수 있습니다. 실라는 도덕적 행위, 즉 모든 불건전한 행동이나 말을 삼가는 것입니다. 사마디는 집중, 즉 자신의 정신적 과정들을 통제하는 능력을 계발하는 것입니다. 빤냐는 지혜, 즉 자신의 본성을 정화할 수 있는 통찰력을 기르는 것입니다.

● 〈담마빠다〉, XIV. 5 (183).

도덕적 행위의 가치

담마를 수행하기를 원하는 사람들은 반드시 실라부터 실천해야 합니다. 이것 없이는 담마를 수행할 수 없습니다. 우리는 반드시 다른 사람을 해치는 모든 말이나 행동을 삼가야 합니다. 이것은 쉽게 이해할 수 있는 것입니다. 사회가 분열되지 않으려면 그런 태도가 필요하지요. 그러나 사실 그런 행위들을 삼가는 이유는 그렇게 함으로써 남들만 해치는 것이 아니라 자신도 해치게 되기 때문입니다. 모독하기, 살인, 도둑질, 강간과 같은 불건전한 행위를 할 때는 반드시 마음에 큰 동요가 일어나게 되어있습니다. 거대한 갈망과 혐오가 일어나는 것입니다. 이 갈망 혹은 혐오의 순간이 지금 불행을 가져오고, 미래에는 더 큰 불행을 가져옵니다. 붓다는 말했습니다.

> 지금 불타고, 나중에도 불타고,
> 악한 일을 하는 자는 두 번 고통받는다.
> 지금 행복하고, 나중에도 행복하고,
> 선한 일을 하는 자는 두 번 복을 받는다.•

천국과 지옥을 경험하려고 죽은 후까지 기다릴 필요가 없습니

• 앞의 책, I. 17과 18.

다. 바로 이번 생에서, 내면에서 그것들을 경험할 수 있습니다. 우리가 불건전한 행위를 할 때 갈망과 혐오의 지옥불을 경험합니다. 건전한 행위를 할 때 우리는 내면의 평화라는 천국을 경험합니다. 그러므로 악한 언행을 금하는 것은 바로 우리 자신의 유익함을 위해서, 자신을 해치지 않기 위해서 하는 것입니다.

실라를 지키는 또 다른 이유가 있습니다. 우리는 자신을 성찰해서 우리의 실제 깊은 곳을 꿰뚫을 수 있는 통찰을 얻기를 원합니다. 이렇게 하려면 아주 차분하고 고요한 마음을 지녀야 합니다. 물결이 사나우면 연못 깊은 곳을 바라볼 수 없습니다. 통찰을 하려면 고요한 마음, 동요하지 않는 마음이 필요합니다. 불건전한 행동을 할 때마다 마음은 매우 동요됩니다. 불건전한 말과 행동을 삼가야만 비로소 성찰을 할 수 있을 만큼 마음이 평화로워지는 기회를 갖게 됩니다.

실라가 필수적인 이유가 또 있습니다. 담마를 수행하는 사람은 모든 고통으로부터 벗어난다는 궁극적인 목표를 향해 노력합니다. 이 목표를 위해 수행하면서, 자신이 없애고자 하는 바로 그 정신적 습관을 더 강화하는 행위를 할 수는 없습니다. 남들을 해치는 모든 행동은 반드시 갈망·혐오·무지에 의해서 일어나거나 그것들과 동시에 일어납니다. 그런 행동은 목적지를 향한 모든 과정을 방해할 뿐만 아니라, 한 걸음 앞으로 갔다가 두 걸음 뒤로 가는 것과 같게 합니다.

그러므로 실라는 사회를 위해서만 필요한 게 아니라, 각자의 유익함을 위해서, 그리고 사람들의 세속적 행복뿐만 아니라 담마의 길에서 성장하기 위해 필요한 것입니다.

여덟 가지 성스런 길의 세 단계, 즉 바른 말, 바른 행동, 바른 생계수다은 모두 실라의 훈련에 속합니다.

바른 말

말을 할 때는 순수하고 건전한 말을 해야 합니다. 순수함은 불순함을 제거해야만 얻는 것이므로, 무엇이 불순한 말인지 이해해야 합니다. 불순한 말에는 거짓말, 즉 진실에서 더하거나 빼서 하는 말, 사람들을 이간질하는 말, 험담이나 비방, 남을 동요시키는 아무 유익함도 없는 거친 말, 쓸데없는 잡담, 즉 자신과 다른 사람의 시간을 낭비하는 의미 없는 수다가 포함됩니다. 그런 말을 모두 하지 않으면 바른 말만 남게 됩니다.

이것은 부정적인 개념만 지니는 것이 아닙니다. 붓다는 바른 말을 하는 사람에 대하여 이렇게 설명했습니다.

그는 항상 진실하고 신뢰할 수 있으며 의지할 수 있고 다른 사람에게 숨기는 것이 없다. 그는 싸우는 사람들을 화해시키고, 조화로운 이들을 격려한다. 그는 조화 속에서 행복을 느끼고, 조화를 추구하며, 조화를 기뻐하고, 그의 말로 조화를 이끌어낸다. 그의 말은 온화하고 듣기 좋으며, 친절하고 듣는 이의 마음을 따뜻하게 하며, 공손하고 유쾌하여 모두가 듣고 즐거워한다. 그는 사실에 근거해서 그 말이 도움이 될지 판단하고, 담마와 계율을 염두에 두고 꼭 알맞을 때 말한다. 그의 말은 두고두고 생각할 만한 것이며, 시기적절하고, 조리에 맞으며, 잘 선택되었고 건설적이다.[*]

바른 행동

행동 또한 순수해야 합니다. 말과 마찬가지로, 불순한 행위가 무엇으로 되어있는지 알아야 그것을 멈출 수 있습니다. 불순한 행동에는 살아있는 생명을 죽이는 것, 도둑질, 강간이나 불륜 같은 잘못된 성행위, 그리고 취하는 것, 즉 무슨 말이나 행동을 했는지 모를 정도로 인사불성이 되는 것이 포함됩니다. 이 네 가지 불순한 행위를 하지 않으면 모두 바른 행위, 건전한 행위입니다.

이것 또한 그저 부정적인 개념이 아닙니다. 바른 행동을 하는 사람을 두고 붓다는 이렇게 말했습니다. "그는 몽둥이와 칼을 내려놓고 누구도 해하지 않으려 주의하며, 아주 친절하고, 모든 존재의 유익함을 추구한다. 숨기는 일 없이 그 자신이 순수한 존재처럼 살아간다."[**]

---

[*] 《맛지마 니까야》 27, 〈쭐라-핫티-빠도빠마 숫따Cūla-hatthi-padopama Sutta〉.
[**] 앞의 책, 같은 곳.

계율

세속적 삶을 살아가는 보통 사람들이 바른 말과 바른 행동을 지키는 방법은 다섯 가지 계율을 지키는 것입니다. 다섯 가지 계율은 다음과 같습니다.

1. 살아있는 것을 죽이지 않기
2. 도둑질하지 않기
3. 잘못된 성적 행위를 하지 않기
4. 거짓되고 허망한 말 하지 않기
5. 취하게 하는 물질을 금하기

이 다섯 가지 계율은 도덕적 행위를 위한 최소한의 필수요건입니다. 담마를 수행하고자 하는 사람들은 누구나 반드시 이를 지켜야 합니다.

살아가다 보면 때로는 마음을 정화하기 위해서, 해탈하기 위해서 며칠 혹은 하루만이라도 세속적 일들을 내려놓는 기회가 올 것입니다. 그런 시간은 담마를 진지하게 수행하는 데 사용해야 합니다. 그러므로 평소보다 더욱 행동을 조심해야 합니다. 그때에는 자기정화를 수행하는 데 방해하거나 산만하게 하는 어떤 행동도 하지 않는 것이 중요합니다. 그러므로 이때는 다섯 가지가 아니라 여덟 가지의 계율을 지켜야 합니다. 이것은 다섯 가지 계율을 포함하는데, 그중 한 가지는 약간 변형되었습니다. 잘못된 성적 행위가 아니라 모든 성적 행위를 금하는 것입니다. 추가되는 첫 번째 계율은 부적절한 때, 즉 정오 이후에 먹는 것을 금해야 합니다. 두 번째, 모든 감각적 오락과 치장을 금해야 합니다. 마지막으로 호화로운 침대도 사용하지 말아야 합니다. 성적인 금욕생활과 추가된 계율들은 내면을 성찰하는 데 필요한 고요함과 기민함을 길러주고, 외부의 모든 방해물로부터 마음을 자유롭게 해줄 것입니다. 이 여덟 가지 계율은 담마 수행을 집중적으로 하는 시기 동안 지키면 됩니다. 그 기간이 지나면, 재가수행자는 도덕적 행동을 위한 안내 지침으로써 다섯 가지 계율을 지키도록 합니다.

마지막으로 스님이나 출가수행자의 삶을 택한 사람들을 위한 열 가지 계율이 있습니다. 이 열 가지 계율은 앞의 여덟 가지 계율에서 일곱 번째 계율을 둘로 나누고, 돈을 받는 것을 금하는 계율이 더해진 것입니다. 출가수행자들은 반드시 기부에 의지해서만 살아야 합니다. 이렇게 하여 자신과 모두의 유익함을 위해, 자신의 마음을 정화하는 일에 완전히 전념할 수 있습니다.

계율은, 그것이 다섯 가지 계율, 여덟 가지 계율 혹은 열 가지 계율이든 전통으로 내려오는 쓸모없는 문구들이 아닙니다. 이것들은 문자 그대로 '훈련을 실행하는 단계들'이며, 말과 행동으로 자신과 남들을 해치지 않도록 해주는 아주 실용적인 수단입니다.

바른 생계수단

각자는 자신의 생을 꾸려나갈 적절한 수단을 가지고 있어야 합니다. 바른 생계수단에는 두 가지 기준이 있습니다. 첫째, 그 직업이 다섯 가지 계율을 깨뜨릴 필요가 없는 것이어야 합니다. 그런 일을 한다면 두말할 나위 없이 다른 이들을 해치게 될 것이기 때문입니다. 더 나아가서, 다른 사람들이 다섯 가지 계율을 깨뜨리도록 만드는 직업도 가져선 안 됩니다. 이 또한 누군가를 해치게 될 것입니다. 직접적이든 간접적이든, 다른 존재를 해치면서 생계를 이어나가는 일은 해서는 안 됩니다. 인간이든 아니든, 어떤 존재의 생명을 해치는 일은 바른 생계수단이 아닙니다. 다른 사람이 죽인 동물의 가죽, 살코기, 뼈 등 일부만을 다루는 직업이라고 해도, 이것도 여전히 잘못된 생계수단입니다. 다른 사람의 잘못된 행동에 의지하고 있기 때문입니다. 술이나 마약을 팔면 돈을 쉽게 벌 수 있을 것입니다. 그러나 자신이 그런 것들에 취하지 않는다 할지라도, 그것들을 판매함으로써 다른 사람들이 중독되도록 하고, 결국에 그들 스스로를 해치도록 돕습니다. 도박장을 운영하면 돈을 많이 벌 수 있겠지요. 그러나 거기에 도박하러 오는 사람들은 자신들을 해치게 됩니다. 독약이나 총, 총알, 폭탄, 미사일 같은 무기는 아주 좋은 돈벌이 사업입니다. 그러나 많은 사람의 평화와 조화를 깨뜨립니다. 이 모두가 바른 생계수단이 아닙니다.

어떤 직업이 실제로 누군가를 해치지는 않더라도 누군가를 해치려는 의도를 가지고 행해진다면, 그것은 바른 생계수단이 아닙니다. 질병이 일어나길 바라는 의사나 기근이 들기를 바라는 무역업자는 바른 생계수단을 유지하는 것이 아닙니다.

모든 개인이 사회의 구성원입니다. 우리는 다른 사람들을 여러 방식으로 돕고, 자신의 일을 함으로써 사회구성원으로서의 책임을 다합니다. 그 대가로 우리는 생계를 꾸려나갑니다. 출가수행자라도 기부를 받고 해야 할 역할이 있습니다. 자신과 모두를 위해 마음을 정화하는 것입니다. 만약 묘술을 부리거나 영적 성취를 이루었다고 거짓말하며 다른 사람들을 속여서 이용하고 착취한다면, 그는 바른 생계수단을 갖고 있는 것이 아닙니다.

우리가 한 일의 대가로 얻은 수입은 모두 자신과 가족들을 돌보기 위한 것입니다. 그 외의 돈은, 비록 적은 금액이라도 사회에, 다른 사람들을 위해 사용되도록 환원되어야 합니다. 일을 할 때 그 의도가 모두를 돕기 위한 것, 사회에 유용한 역할을 수행하기 위한 것이라면 그것은 바른 생계수단인 것입니다.

위빳사나 명상 코스 안에서 실라의 실천

바른 말, 바른 행동, 바른 생계수단은 반드시 지켜야 하는 것입니다. 그것들은 누가 봐도 이치에 맞는 것이기 때문입니다. 위빳사나 명상 코스는 실라의 모든 면을 실천할 수 있는 기회를 제공합니다. 이 기간은 담마를 집중적으로 수행하기 위한 기간이므로, 모든 참가자는 여덟 가지의 계율을 모두 지켜야 합니다. 그러나 처음 참가하거나 건강상의 문제가 있는 사람들에게는 한 가지, 즉 저녁에 가벼운 식사를 하는 것이 예외적으로 허용됩니다. 그런 사람들은 이런 이유로 다섯 가지 계율만 정식으로 요청하게 되지만, 다른 모든 측면에서 보면 실제로는 여덟 가지 계율을 지키는 것입니다.

그 계율들 외에, 모든 참가자는 마지막 날을 제외하고는 코스 기간 내내 침묵을 지키겠다고 맹세해야 합니다. 참가자들은 지도 선생님이나 봉사자와 말할 수 있지만, 다른 참가자들과 말을 해서는 안 됩니다. 이런 식으로 모든 방해요소는 최대한 줄어들게 됩니다. 서로를 방해하지 않으면서 제한된 구역에서 머물고 명상 수련을 하는 것입니다. 이런 고요하고 평화로운 기운 속에서 성찰의 섬세한 작업이 가능한 것입니다.

수행을 하면서 참가자들은 숙식을 제공받는데, 그 비용은 다른 사람들의 기부금으로 충당됩니다. 이런 식으로 참가자들은 코스 기간 중에는 다른 사람들의 기부금에 의지해 살아가면서 출가수행자와 같은 생활을 합니다. 모든 존재를 위해 수행에 최선을 다함으로써 참가자들은 위빳사나 코스에 참가하여 바른 생계수단을 취하는 것입니다.

실라의 실천은 담마의 길을 걷는 데 필수적인 것입니다. 그러지 않고서는 이 길에서 발전할 수 없습니다. 실라의 실천이 없으면 마음이 매우 동요된 상태가 되어 내면의 실제를 점검할 수 없기 때문입니다. 실라 없이 영적 발전을 이룰 수 있다고 가르치는 사람들이 있습니다. 그들이 무엇을 어떻게 하든, 그들은 붓다의 가르침을 따르는 것이 아닙니다. 실라를 지키지 않아도 여러 가지 황홀한 경험은 할 수 있을지 모릅니다. 그러나 이런 경험들을 영적 성취라고 착각해서는 안 됩니다. 실라 없이는 그 누구도 마음을 고통에서 해방시킬 수 없고, 궁극적 진실을 경험할 수 없습니다.

질문과 고엔카 선생님의 답변

Q 바른 행동을 한다는 것이 일종의 집착 아닌가요?

A 아닙니다. 그건 그저 최선을 다하되, 그 결과는 자신이 통제할 수 없다는 것을 이해하는 것입니다. 당신의 할 일을 다하세요. 그리고 그 결과는 자연에, 담마에 맡기도록 하세요. "아버지의 뜻이 이루어지이다."

Q 그건 실수를 저질러도 괜찮다는 말인가요?

A 실수를 했으면 그 사실을 받아들이세요. 그리고 또 반복하지 않도록 노력하세요. 그럼에도 또 실수를 했다면, 다시 미소 짓고 다른 방법을 시도해 보세요. 실패를 마주했을 때 미소 지을 수 있다면 집착하지 않은 것입니다. 하지만 실패했을 때 우울해지고

성공했을 때만 행복해진다면 분명히 집착하고 있는 것입니다.

Q 그렇다면 바른 행동이란 것은 결과에 상관없이 내가 하는 노력만을 뜻하는 것인가요?

A 결과는 상관없어요. 훌륭한 행동을 했으면 결과도 자연히 좋을 것입니다. 담마가 작용하는 것입니다. 우리는 결과를 선택할 수는 없습니다만, 행위는 선택할 수 있습니다. 그저 최선을 다 하세요.

Q 모르고 남을 해치는 건 잘못된 행동인가요?

A 그렇지 않습니다. 누군가를 해치려는 마음이 있었고, 정말 남을 해쳤을 때에만 나쁜 행동이 완성되는 것입니다. 실라를 극단적으로 받아들이는 것은 실용적이지 않고 아무런 이득이 안 됩니다. 반대로 계속 다른 존재를 해치면서도 해칠 의도가 없었다는 핑계로 자신의 행동에 주의를 기울이지 않는 것도 똑같이 위험합니다. 담마는 우리에게 깨어있으라고 가르칩니다.

Q 성적 행위에서 옳고 그른 것 사이에 어떤 차이가 있는 것입니까? 자유의지의 문제인가요?

A 아닙니다. 재가수행자에게 성적 행위는 삶의 일부입니다. 강제로 억압해서는 안 됩니다. 억지로 지키는 금욕생활은 더 큰 문

제, 더 큰 어려움을 만들어내기 때문입니다. 그러나 성적 욕망이 일어나면 일어나는 대로 내버려두고 욕정이 일어날 때 아무하고나 성관계를 맺는다면, 욕정으로부터 절대 자유로워질 수 없을 것입니다. 이 두 극단은 똑같이 해로운 것입니다. 담마는 이를 피하고 중도를 제시합니다. 서로에게 헌신을 약속한 두 사람이 건강한 성생활을 하면서 영적 계발을 지속하는 것입니다. 당신의 동반자 또한 위빳사나 수행자라면, 두 사람 다 욕망이 일어날 때 그것을 관찰하십시오. 이것은 성적 억압도 아니고 성적 방종도 아닙니다. 욕망을 관찰하면 쉽게 그것으로부터 자유로워질 수 있습니다. 여전히 때때로 성관계를 가지겠지만, 점차적으로 성관계가 별 의미가 없는 단계로 나아가게 됩니다. 이것이 마음속에서 욕망이 전혀 일어나지 않는 진정한, 자연스러운 금욕의 단계입니다. 이 금욕은 어떤 성적 만족보다도 훨씬 큰 기쁨을 줍니다. 항상 만족스럽고 조화로움을 느끼게 되지요. 이 진정한 행복을 경험하는 법을 배워야 합니다.

Q 서양에서는 두 성인 사이에서 합의된 성적 관계는 허용된다고 많은 사람이 생각합니다.

A 그런 시각은 담마로부터 한참 동떨어진 것입니다. 이 사람이랑 자고 저 사람이랑 자고 그리고 나서 또 다른 사람이랑 자는 그런 사람은 자신의 욕정, 자신의 고통을 증가시키고 있는 것입

니다. 한 사람에게만 헌신하든지 아니면 독신으로 살든지 해야
합니다.

Q 다른 종류의 의식 상태들, 다른 현실들을 경험하기 위한 수단으로써
마약을 사용하는 것은 어떻게 생각하십니까?

A 몇몇 수련생이 명상 도중에 환각제를 섭취했을 때와 비슷한 경
험을 했다는 말을 했었습니다. 환각제를 섭취하는 것이 정말
그렇게 만들든 그렇지 않든, 마약에 의한 경험은 외부 대상에
의지하는 것입니다. 그러나 담마는 당신 스스로가 자신의 주인
이 되라고 가르칩니다. 그리하여 원하면 언제든 자신의 의지에
따라서 실제를 경험할 수 있도록 말입니다. 그리고 또 하나 매
우 중요한 차이점은 마약을 사용하면 많은 사람이 정신적 균
형을 잃고 자신을 해치게 된다는 사실입니다. 반면 담마를 수
행하면서 얻은 진리의 경험은 수행자를 더욱 평정하게 합니다.
자신도 남도 해치지 않고 말입니다.

Q 다섯 번째 계율이 취하게 하는 물질(중독성 물질)을 금하는 것인가요,
아니면 취하지 않는 것인가요? 어쨌든 취하지 않고 적당히 마시면 그
렇게 해로운 건 아니잖아요? 그게 아니면 술을 한 잔 마시는 것도 실
라를 깨뜨린다는 말씀이신가요?

A 조금만 마신다고 해도, 장기적으로 보면 술을 원하는 갈망을

키우고 있는 것입니다. 당신이 깨닫지 못하는 사이에 중독을 향한 첫걸음을 내딛은 것입니다. 이것은 확실히 자신과 다른 이들에게 해로운 것이지요. 모든 중독이 한 잔의 술을 마시면서 시작됩니다. 왜 고통을 향한 첫걸음을 딛으려 합니까? 당신이 명상을 진지하게 수련하다가 어느 날 무심코, 혹은 모임이 있다고 한 잔 마시게 되면, 그날 명상이 잘 안 된다는 걸 발견하게 될 겁니다. 중독성 물질을 취하면서 담마를 수행할 수는 없습니다. 정말 담마 속에서 발전하고 싶다면, 모든 중독성 물질을 끊어야 합니다. 이는 수천 명의 수행자의 경험에 의한 것입니다.

잘못된 성적 행위와 중독성 물질에 대한 계율을 특히 서양 사람들이 잘 이해해야 합니다.

Q 이곳 사람들은 때때로 "좋은 느낌이 드니까, 이건 좋은 거야"라고 말합니다.

A 그건 그들이 실제를 보지 못하기 때문입니다. 혐오감에서 비롯된 행동을 하면, 자동적으로 마음이 동요됩니다. 마찬가지로 갈망에서 비롯된 행동을 할 때에도 마음의 표면적 차원에서는 유쾌한 것처럼 보이나 깊은 차원에서는 동요가 일어나고 있는 것입니다. 무지하기 때문에 좋다고 느끼는 것입니다. 그런 행동으로 얼마나 자신을 해치고 있는지 깨닫게 되면, 자연히 그

런 행동을 멈추게 될 것입니다.

Q 고기를 먹는 것이 실라를 깨뜨리는 것인가요?

A 아니에요. 자신이 직접 동물을 죽이지 않은 한, 실라를 깨뜨린 것이 아닙니다. 어쩌다가 고기가 주어졌고 다른 음식처럼 그 맛을 즐긴다면, 어떤 계율도 깨뜨린 것이 아닙니다. 물론 고기를 먹는 것은 간접적으로 누군가 살생을 하도록 하는 것입니다. 그리고 알아차리기 어렵겠지만 당신도 또한 고기를 먹음으로써 자신을 해칩니다. 매 순간 동물들은 갈망과 혐오를 일으킵니다. 동물은 자신을 관찰하거나 마음을 정화할 줄 모르기 때문입니다. 동물 몸의 세포 하나하나가 모두 갈망과 혐오로 가득 차있습니다. 채식 이외의 다른 음식을 먹으면 이런 것들을 당신의 몸에 넣게 되는 것입니다. 수행자는 갈망과 혐오를 없애려고 하므로, 그런 음식은 피하는 것이 도움이 됨을 알게 될 것입니다.

Q 그래서 코스 도중에 채식만 제공하는 건가요?

A 그렇습니다. 위빳사나 명상에 가장 좋은 음식이기 때문이지요.

Q 일상생활에서도 채식을 권장하십니까?

A 그것도 도움이 됩니다.

Q 수행자가 돈을 번다는 것이 어째서 허용될 만한 행동이 되는 것입니까?

A 담마를 수행하면 돈을 벌지 않아도 행복합니다. 그러나 돈은 벌고 담마를 수행하지 않으면 불행한 상태로 머물게 됩니다. 담마가 더 중요한 것입니다. 이 세상에 태어난 사람으로서 당신은 자신의 생계를 책임져야 합니다. 반드시 정직하게 열심히 일을 해서 돈을 벌어야 합니다. 그렇게 하면 아무 잘못된 것이 없지요. 그러나 담마를 수행하면서 그렇게 하세요.

Q 제 직업이 어딘가에서 좋지 않은 영향을 끼칠 수도 있고, 제가 한 일이 나쁜 쪽으로 사용될 수도 있다면 그것은 잘못된 생계수단입니까?

A 당신의 의도에 달려있습니다. 오직 돈을 버는 데만 관심이 있다면, "다른 사람들이 다치든 말든, 난 돈만 벌 수 있으면 상관없어"라고 생각한다면, 그것은 잘못된 생계수단입니다. 그러나 당신의 의도는 성실히 일을 하려고 한 것뿐인데 누군가 다쳤다면, 그것은 당신 책임이 아닙니다.

Q 저희 회사가 생산하는 제품 중에 핵폭발에 대한 기록을 모으는 기계가 있습니다. 회사에서 제게 이 일을 맡겼는데 어쩐지 제 눈에는 이게 좋지 않은 일인 것 같아요.

A 그 기계가 오직 다른 사람들을 해치는 데만 사용될 거라면, 당

연히 당신은 그 일에 관여하지 말아야 합니다. 그러나 그것이 나쁜 목적에도 쓰이고 좋은 목적에도 쓰일 수 있는 것이라면, 다른 사람들이 그걸 가지고 뭘 하든 당신 책임은 아닙니다. 다른 사람들이 그 기계를 좋은 의도로 사용하도록 바라면서 작업하도록 하세요. 그러면 아무 잘못된 것이 없습니다.

Q 평화주의pacifism에 대해 어떻게 생각하세요?

A 폭력에 대해 아무런 행동도 취하지 않는 평화주의를 의미하는 것이라면, 그것은 당연히 잘못된 것입니다. 담마는 당신이 긍정적으로 행동을 취하도록, 현실적인 사람이 되라고 가르칩니다.

Q 마하트마 간디Mahatma Gandhi나 마틴 루터 킹Martin Luther King, Jr 같은 사람들이 말한 소극적 저항passive resistance은요?

A 상황에 따라 다르겠지요. 폭력을 행사하는 사람이 힘 외에는 어떤 말도 이해하지 못할 때에는 물리적 힘을 사용해야 합니다. 단 항상 평정심을 유지하면서 말입니다. 그런 경우가 아니라면 소극적 저항을 해야 합니다. 무서워서가 아니라 도덕적 용기에서 비롯된 행동으로서 말입니다. 이것이 담마의 방식이고 간디 선생이 사람들에게 가르친 것입니다. 무장한 적들의 공격을 맨손으로 마주하려면 용기가 필요합니다. 그러기 위해서는 죽을 각오를 해야 하지요. 지금이든 나중이든 죽음은 찾

아올 것입니다. 당신은 두려워하면서 죽을 수도 있고, 혹은 용감하게 죽음을 맞이할 수도 있습니다. 담마 수행자는 죽음을 두려워할 수 없습니다. 간디는 폭력적인 반대파들과 마주하는 그의 추종자들에게 "등이 아니라 가슴에 상처가 나도록 하십시오"라고 말하곤 했습니다. 그는 담마를 지니고 있었기 때문에 성공했던 것입니다.

Q 선생님께서 직접 말씀하시길, 계율을 지키지 않고도 훌륭한 명상 경험을 할 수 있다고 하셨습니다. 그렇다면 도덕 계율을 그렇게 강조하는 것은 독단적이고 융통성이 없는 것 아닙니까?

A 나는 실라를 중요하게 생각하지 않아서 이 길에서 전혀 발전하지 못하는 수많은 사람을 봐왔습니다. 그들은 매년 코스에 참가해 명상을 하면서 훌륭한 경험을 합니다. 그러나 코스가 끝나면 아무 변화도 일어나지 않습니다. 그들은 다른 놀이들처럼 위빳사나를 가지고 게임을 하고 있을 뿐이기 때문에, 여전히 동요되어 있고 불행합니다. 그런 사람들은 진정한 실패자입니다. 삶을 더 낫게 변화시키기 위해 담마를 진정으로 활용하고자 원하는 사람들은 실라를 가능한 한 주의 깊게 실천해야 합니다.

의사의
처방전

어떤 사람이 아파서 의사를 찾아가 도움을 받았습니다. 그 의사는 검진을 하고 나서 어떤 약을 먹으라고 처방전을 적어줍니다. 그는 자신의 의사에게 큰 믿음을 갖고 있습니다. 그는 집에 돌아와 기도실에 의사의 모습이 담긴 훌륭한 사진이나 조각상을 둡니다. 그러고 나서 자리에 앉아 그 사진이나 조각상에 경의를 표합니다. 세 번 절을 하고는 꽃과 향을 바칩니다. 그러고 나서 의사가 써준 처방전을 꺼내어 들고 매우 경건하게 암송합니다. "아침에 두 알! 점심에 두 알! 저녁에 두 알!" 의사에 대한 큰 믿음 때문에 그는 평생 동안 매일같이 그 처방전을 암송합니다. 그러나 처방전은 아무 도움이 되지 못합니다.

그는 처방전에 대해 더 알고 싶어서 의사에게 달려가 물어봅니다. "왜 이 약을 처방했습니까? 이 약이 어떻게 나에게 도움이 되는 겁니까?" 의사는 아는 게 많으니 설명을 해줍니다. "이것 보시오. 이게 당신의 병인데, 이것이 원인입니다. 내가 처방해 준 그 약을 먹으면 그 원인을 제거해 줄 것입니다. 그게 제거되면, 병은 자연히 사라질 겁니다." 그 남자는 생각합니다. "오, 훌륭하구나! 내 의사 선생님은 정말 똑똑해! 그의 처방전은 정말 유익한 거야!" 그리고 그는 집으로 돌아와 이웃이나 아는 사람들과 싸우기 시작합니다. "우리 의사 선생님이 최고야! 다른 의사들은 다 형편없다고!" 도대체 그런 말싸움으로 그가 무슨 득을 보겠습니까? 그는 평생 동안 싸울 수 있겠지만, 이는 그에게 아무 도움도 되지 않습니다. 만약 그 약을 먹는다면, 그때서야 비로소 그는 고통에서, 병에서 해방될 것입니다. 그렇게 해야만 그 약이 그에게 도움이 될 것입니다.

모든 해탈한 사람은 의사와 같습니다. 그는 자비심을 갖고 사람들이 고통에서 벗어나는 방법이 들어있는 처방전을 나누어줍니다. 사람들이 그 사람에 대한 맹목적인 믿음을 지니고 있으면, 그 처방전을 경전으로 만들고, 자기 종교의 창시자가 가르친 것이 더 낫다고 주장하면서 다른 종교와 싸우기 시작합니다. 그러나 아무도 그 가르침을 실천하거나 병을 없애기 위해 약을 먹는 데에는 신경을 안 씁니다.

의사에게 믿음을 지니는 것은 유용합니다. 환자가 의사의 충고를 잘 받아들일 수 있게 된다면 말입니다. 처방받은 약이 어떻게 작용하는지 이해하는 것 또한 유익한 것입니다. 환자가 그 약을 섭취하는 데 도움이 된다면 말이지요. 그러나 약을 실제로 먹지 않으면 병은 치유되지 않습니다. 당신은 약을 직접 먹어야 합니다.

chapter 6

마음집중의 훈련

"우리는 오직 호흡에만 주의를 계속해서 집중합니다.
마음이 더 집중될수록 호흡은 더 미세해지고
더욱 알아차리기 어렵게 됩니다.
그러므로 주의집중을 하려면 여전히
더 많은 노력을 해야 합니다."

실라를 지키면서 우리는 말과 행동을 제어하려고 합니다. 그러나 고통의 원인은 우리의 정신적 행위 속에 있습니다. 마음이 계속해서 갈망과 혐오로 가득하고 해로운 정신적 행위를 하고 있다면, 말이나 행동을 조심하는 것은 아무 소용이 없습니다. 이런 식으로 자기분열이 일어난 상태에선 절대 행복해질 수 없습니다. 머지않아 갈망과 혐오가 분출되고, 실라를 깨뜨리면서 자신과 남들을 해치게 될 것입니다.

나쁜 행동을 하는 것은 잘못된 것이라고 지식적으로 이해할 수 있습니다. 결국 수천 년 동안 모든 종교가 하나같이 도덕성이 중요함을 연설해 왔습니다. 그러나 유혹이 일어나면 마음이 압도당하고 실라를 깨뜨리게 됩니다. 알코올중독자도 왜 술을 마시면 안 되는지 아주 잘 알고 있습니다. 술이 그에게 해롭기 때문이지요. 그럼에도 갈망이 일어나면 그는 술을 마시고 취해버립니다. 자신의 마음을 통제하지 못하기 때문에 스스로를 멈출 수 없습니다. 그러나 해로운 정신적 행위를 멈추는 법을 배우면 해로운 말과 행동을 자제하는 것이 쉬워집니다.

문제는 마음에서 비롯되는 것이므로, 우리는 그 문제를 정신적 차원에서 마주해야 합니다. 그러기 위해서 우리는 **바와나**bhāvanā, 문자 그대로 말하자면 '정신계발' 혹은 흔히 말하는 '명상'을 수행해야 합니다. 붓다의 시대 이후로 바와나의 의미가 그 수행법과 같이 서서히 사라져 변질되었습니다. 이제는 이 말이 정신과 관련된 문화나 영적 고양, 심지어 담마에 관해 책을 읽거나 말하거나 듣거나 생각하는 것까지 뜻하는 말이 되었습니다. 바와나를 흔히 '명상'이라고 번역하는데, 이것은 정신적 이완부터 공상, 자유연상에서 자기최면까지 포함하는 더 넓은 의미로 사용됩니다. 이 모든 것은 붓다가 바와나를 말했을 때 의미한 것과 매우 동떨어진 것입니다. 그는 특정한 정신적 훈련, 마음을 집중시키고 정화하는 특별한 기술법을 지칭하기 위해 이 단어를 사용했습니다.

바와나는 집중과 지혜, 즉 사마디samādhi와 빤냐paññā의 훈련을 포함합니다. 집중의 훈련은 또한 '고요함의 계발' 즉 **사마타-바와나**samatha-bhāvanā라고 불리며, 지혜의 훈련을 '통찰의 계발' 즉 **위빳사나-바와나**vipassanā-bhāvanā라고 합니다. 바와나 수행은 여덟 가지 성스런 길의 세 가지 부분 중에 두 번째 부분인 집중의 훈련에서 시작합니다. 이것은 정신작용을 통제하기 위해, 자기 마음의 주인이 되기 위해 배우는 성스러운 행위입니다. 바른 노력, 바른 알아차림, 그리고 바른 집중 이 세 가지가 집중의 훈련에 속하는 것들입니다.

바른 노력

바른 노력은 바와나 수행의 첫걸음입니다. 마음은 무지에 쉽게 사로잡히고 갈망이나 혐오에 흔들리기 쉽습니다. 어떻게든 조건화를 드러내고 제거하기 위해 가장 미세한 차원에서 우리의 본성을 조사해야 합니다. 그러기 위해서 마음을 굳건하고 흔들림 없는 유익한 수단으로 단련해야 합니다.

환자의 병을 진단하려는 의사는 환자의 혈액 샘플을 만들어 현미경을 통해 관찰할 것입니다. 그 샘플을 검사하기 전에 의사는 반드시 현미경의 초점부터 먼저 바로 맞춰놓고 그 상태로 고정해 두어야 합니다. 그러고 나서야 샘플을 관찰하여 질병의 원인을 찾고 적절한 치료법을 결정할 수 있습니다. 이처럼 우리는 한 가지 대상에 대해 마음의 초점을 맞추고 고정하여 유지해야 합니다. 이런 방식으로 마음을 자신의 가장 미세한 실제를 탐구하기 위한 도구로 만들어야 합니다.

붓다는 마음을 집중시키는 여러 가지 방법을 가르쳤는데, 수행을 위해 찾아온 사람마다 적절한 방법을 알려주었습니다. 내면의 실제를 탐구하기 위한 가장 적절한 방법이자 붓다 그 자신이 수행했던 방법은 바로 **아나빠나-사띠** ānāpāna-sati, 즉 '호흡 알아차리기'였습니다.

호흡은 모두가 쉽게 집중할 수 있는 대상입니다. 누구나 태어나서 죽을 때까지 숨을 쉬기 때문입니다. 이는 보편적으로 가능하고 보편적으로 받아들일 수 있는 명상의 대상입니다. 바와나 훈련을 시작하려면 앉아서 편안한 자세를 하고 척추를 바로 세우며 두 눈을 감습니다. 수련생들은 주의집중을 방해하는 것이 없는 조용한 공간에 있어야 합니다. 외부세계에서 내부세계로 향하면서 수련생들은 가장 두드러진 활동이 자신의 호흡이라는 사실을 알게 됩니다. 그렇게 해서 그들은 이 대상, 콧구멍으로 들어오는 숨과 나가는 숨에 주의를 기울입니다.

이것은 호흡 수련이 아닙니다. 이것은 알아차림의 훈련입니다. 호흡을 조절하려고 하지 말고 호흡이 길든 짧든, 강하든 약하든, 거칠든 미세하든, 그것을 있는 그대로 알아차리고 그 알아차림을 유지하려고 노력해야 합니다. 어떤 방해들도 알아차림의 사슬을 끊지 못하도록 하면서 최대한 오랫동안 호흡에 주의를 집중합니다.

명상을 해보면 이것이 얼마나 어려운 일인지 알게 됩니다. 마음을 호흡에 고정하려고 하자마자 다리의 통증을 걱정하기 시작합니다. 모든 잡생각을 억제하려고 하자마자 이런저런 기억들, 계획, 소원, 두려움 따위의 수천 가지 생각이 마음에 뛰어듭니다. 이 중 하나가 우리의 주의를 끌고, 시간이 좀 지나고 나면 자신이 호흡에 대해 완전히 잊고 있었다는 것을 깨닫게 됩니다. 마음을 다시 다잡고 시작해도 또 조금 있으면 자신이 알아차리지도 못한 사이에 마음이 딴 곳으로 갔다는 것을 깨닫게 됩니다.

지금 누가 주인입니까? 이 훈련을 시작하자마자 실제로는 마음이 통제불능이라는 사실이 바로 명확해집니다. 버릇없는 응석받이가 어떤 장난감을 갖고 놀다가 지루해져서 다른 장난감으로 바꾸고 또 다른 장난감을 원하는 것처럼, 마음은 한 생각, 집중의 한 대상에서 다른 대상으로 계속해서 현실로부터 도망칩니다.

이것이 마음의 뿌리 깊은 습관입니다. 우리가 살아오는 동안 이렇게 해왔던 것입니다. 그러나 우리가 진정한 본성을 탐구하기 시작하면, 그 도망은 멈추게 되어있습니다. 우리는 반드시 이 마음의 습관을 바꾸고 현실과 함께하는 법을 배워야 합니다. 우리는 호흡을 집중의 대상으로 고정하는 것으로 시작해야 합니다. 마음이 떠돌기 시작했다는 것을 발견하면, 참을성 있고 침착하게 호흡으로 돌아옵니다. 실패하면 다시 시도하십시오. 미소 지으면서, 긴장을 일으키지 말고, 실망하지 말고, 계속 이 훈련을 하십시오. 평생 반복해 온 습관이 몇 분 내에 바뀌지는 않습니다. 이 훈련은 계속 반복해야 하는 것입니다. 인내심이나 평정심도 마찬가지입니다. 이것이 현실을 알아차리는 방법입니다. 이것이 바른 노력입니다.

붓다는 네 가지 바른 노력에 대해 이와 같이 설명했습니다.

악하고 불건전한 마음이 일어나지 않도록 하라.

그런 마음이 일어난다면 모두 떨쳐버려라.

아직 일어나지 않은 건전한 마음을 일으켜라.

그 마음을 끊임없이 유지하고 계발하여 완전함과 완벽함을 이루도록 하라.*

호흡을 알아차리는 훈련을 통해서 우리는 이 네 가지 바른 노력을 훈련하는 것입니다. 앉아서 잡생각 없이 호흡에 주의를 집중합니다. 그렇게 함으로써 우리는 자기를 성찰하는 건전한 상태에 들어가고 유지할 수 있습니다. 우리는 집중을 방해하는 것들에 빠져들거나 멍한 상태로 있지 않고 현실을 있는 그대로 바라보려고 노력합니다. 이런 방식으로 우리는 한 대상에 계속 머물러 집중 유지하기와 잡생각 물리치기라는 집중의 가장 중요한 두 가지 자질을 계발합니다.

바른 알아차림

호흡을 관찰하는 것은 또한 바른 알아차림을 수행하는 방법입니다. 우리의 고통은 무지에서 비롯됩니다. 우리가 무엇을 하고 있는지 모르기 때문에, 자신의 본성에 대해 모르기 때문에 반응하는 것

---

*   《앙굿따라 니까야》 IV. ii. 3 (13), 〈빠다나 숫따Padhāna Sutta〉.

입니다. 마음은 상상 속에서 유쾌하거나 불쾌한 것을 체험하거나, 미래에 대한 열망이나 불안함을 경험하면서 대부분의 시간을 환상과 망상에 빠져 보냅니다. 그러나 우리에게는 지금 이 순간이 가장 중요합니다. 우리는 과거에 살 수 없습니다. 과거는 이미 지나가 버렸습니다. 우리는 미래에도 살 수 없습니다. 미래는 영원히 다다를 수 없는 것입니다. 우리는 오직 현재에만 살 수 있습니다.

만약 현재 자신의 행위에 대해 알아차리지 못한다면 우리는 과거의 실수들을 반복할 수밖에 없고, 미래의 꿈들을 결코 성취할 수 없을 것입니다. 그러나 지금 이 순간을 알아차리는 능력을 계발할 수 있다면, 과거를 지침으로 삼아 미래에 우리의 목표를 이루도록 행동하는 데 사용할 수 있습니다.

담마는 '지금, 여기'의 길입니다. 그러므로 우리는 지금 이 순간을 알아차리는 능력을 계발해야 합니다. 지금 이 순간 우리 자신의 실제에 주의를 집중하는 방법을 알아야 합니다. 아나빠나-사띠가 바로 그런 방법입니다. 지금 이 순간 숨을 들이마시고, 지금 이 순간 숨을 내쉽니다. 이 수행을 통해 현재의 자신에 대한 알아차림을 계발하게 됩니다. 호흡을 알아차리면서 우리는 현재를 알아차리게 됩니다.

호흡의 알아차림을 계발하는 또 다른 이유는 궁극적 실제를 경험하기 위해서입니다. 호흡에 집중하는 것은 우리에게 알려지지 않은 것들을 탐구하고 무의식 속에 숨겨져 있던 것들을 의식하도록 도와줍니다. 이것은 의식과 무의식 사이에서 다리 역할을 합니다. 호흡은 의식적으로도 무의식적으로도 다 기능을 하기 때문입니다. 우리는 특정한 방식으로 호흡하자고 마음을 먹으면 호흡을 통제할 수 있습니다. 잠시 동안 숨을 멈추기까지 할 수 있습니다. 그리고 우리가 호흡을 통제하려고 하는 노력을 멈추었을 때에도 여전히 호흡은 계속해서 무의식적으로 지속됩니다.

예를 들어, 우리는 의식적으로 주의집중을 더 쉽게 하기 위해서 조금 강하게 숨을 쉬기 시작할 수 있습니다. 호흡을 분명하고 꾸준히 알아차리게 되면 호흡이 강하든 약하든, 깊든 얕든, 길든 짧든, 빠르든 느리든 간에 자연스럽게 지속되도록 허락합니다. 자연스러운 호흡의 알아차림을 유지하면서 우리는 보통 무의식적으로 일어나는 반자동적인 몸의 현상을 관찰하기 시작합니다. 의식적 호흡의 거친 실제를 관찰하는 것에서부터 시작해 자연스러운 호흡의 미세한 실제를 관찰하는 단계에 도달합니다. 우리는 피상적인 실제를 넘어 미세한 실제에 대한 알아차림을 향해 이동하기 시작했습니다.

호흡의 알아차림을 계발하는 또 다른 이유는 갈망, 혐오, 무지를 알아차림으로써 그것들로부터 자유로워지기 위해서입니다. 이 작업을 하는 데 호흡은 도움이 됩니다. 왜냐하면 호흡은 그 사람의 정신적 상태를 반영하는 행위이기 때문입니다. 마음이 평화롭고 고요하면, 호흡은 규칙적이고 조용합니다. 그러나 마음속에 분노,

혐오, 공포, 욕정 등 어떤 부정성이라도 일어나면, 호흡은 거칠어지고 강해지며 빨라집니다. 이런 방식으로 호흡은 우리의 정신적 상태를 알려주고 그 상황에 대처할 수 있도록 해줍니다.

이러한 이유들 외에 호흡의 알아차림을 계발하는 또 다른 이유가 있습니다. 우리의 목표는 부정성이 없는 마음을 성취하는 것이기 때문에, 그 목표를 향해 내딛는 모든 걸음이 순수하고 건전하도록 주의해야 합니다. 우리는 사마디를 계발하는 첫 단계에서부터 주의집중의 대상을 건전한 것으로 삼아야 합니다. 호흡이 바로 그러한 대상입니다. 우리는 호흡에 대한 갈망이나 혐오를 가질 수 없고, 이것은 또한 환상이나 망상과는 전혀 관계없는 실제입니다. 그러므로 호흡이 집중의 대상으로 적절한 것입니다.

호흡에 완전히 집중하고 있을 때, 마음은 갈망, 혐오, 무지로부터 자유롭습니다. 그 순수한 순간이 아무리 짧다 하더라도, 그것은 모든 과거의 조건화들에 맞설 수 있을 정도로 아주 강력합니다. 모든 축적되었던 반응들이 휘젓고 올라와 알아차림을 계발하는 노력을 방해하면서 여러 가지 정신적·신체적 어려움으로 나타나기 시작합니다. 우리는 수행에서 발전하고 싶어 조급하고 초조한 마음, 즉 갈망을 경험할 수 있습니다. 아니면 수행의 발전이 더딘 것 같아 분노나 우울함의 형태로 혐오감이 일어날 수도 있습니다. 때때로 우리는 무기력함에 압도되어 명상하려고 앉자마자 졸게 됩니다. 때로는 아주 동요되어 한시도 가만히 앉아있지 못하거나 명상을 하지 않으려는 핑계를 찾게 될 수도 있습니다. 때로는 의심이 일어나 계속 명상하려는 의지를 약하게 만들 수도 있습니다. 지도하는 선생님이나 그의 가르침 혹은 우리 자신이 과연 명상을 할 수 있을 것인가에 대한 집요하고 비이성적인 의심이 일어나는 것입니다. 갑자기 이런 어려움들에 맞닥뜨리게 되면 수행이고 뭐고 모두 포기하고 싶은 생각이 들지도 모릅니다.

그런 순간에는 우리가 성공적으로 호흡을 알아차리고 있기 때문에 어려움들이 일어났음을 이해해야 합니다. 계속 수행하고 있으면 그것들은 점차 사라집니다. 그렇게 되면 수행은 더욱 쉬워질 것입니다. 수행의 초기 단계에서 겹겹이 쌓여있던 조건화들이 일부나마 마음의 표면에서 제거되었기 때문입니다. 이런 식으로 호흡 알아차리는 수행을 하면서 우리는 마음을 정화하고 해탈을 향해 나아가기 시작합니다.

바른 집중

우리의 집중을 호흡에 고정함으로써 현재 순간에 대한 알아차림이 계발됩니다. 이 알아차림을 이 순간에서 다음 순간으로 최대한 유지하는 것이 바른 집중입니다.

일상적으로 반복되는 일을 할 때도 집중은 역시 필요합니다만, 그것이 바른 집중과 같다고는 할 수 없습니다. 감각적 욕망을 충족하거나 두려운 일이 일어나지 않도록 집중할 수는 있을 것입니다. 고양이는 쥐가 튀어나오면 바로 덮치려고 쥐구멍에 모든 신경을 집중하고 기다립니다. 소매치기가 훔칠 순간을 기다리면서 다른 사람의 지갑에 눈독을 들이고 있습니다. 어린아이가 밤에 이불 속에서 어둠 속에 숨어있는 귀신들을 상상하면서 방의 가장 어두운 곳을 두렵게 쳐다봅니다. 이 경우들은 모두 바른 집중, 즉 해탈을 위한 집중이 아닙니다. 사마디는 반드시 모든 갈망, 모든 혐오감, 모든 환상으로부터 자유로운 것을 집중의 대상으로 삼아야 합니다.

호흡을 알아차리는 수행을 하면서 사람들은 끊임없이 알아차림을 유지하는 것이 얼마나 어려운지 알게 됩니다. 호흡을 대상으로 삼아 주의를 계속 집중하겠다고 굳은 결심을 해도 자신도 모르는 사이에 딴 생각에 빠져있는 것을 발견하게 됩니다. 우리는 자신이 똑바로 걸으려 하지만 계속 갈지자걸음을 걷는 술에 취한 사람과 같다는 것을 발견합니다. 실제로 우리는 정말 자신의 무지와 환상에 취해있기 때문에, 과거나 미래에 계속 머물러있거나 갈망과 혐오에 사로잡혀 있습니다. 그래서 우리는 지속적으로 알아차림이라는 똑바른 길 위에 머물 수 없는 것입니다.

명상가로서 우리가 이런 어려움에 맞닥뜨렸을 때 우울해하거나 낙심하기보다 오랫동안 뿌리박힌 정신적 습관을 변화시키는 데는 시간이 걸린다는 사실을 이해하는 것이 현명할 것입니다. 이는 오직 반복적으로 계속해서 참을성 있게, 끈기를 가지고 수행할 때 가능한 것입니다. 우리가 해야 하는 유일한 일은 주의를 호흡으로 되돌리는 것입니다. 그렇게 할 수 있다면 마음의 방황하는 습관을 바꾸기 위한 중요한 한 걸음을 내딛은 것입니다. 주의를 호흡으로 되돌리는 수행을 반복하면서 더 빠르게 주의를 호흡으로 돌아오게 할 수 있게 됩니다. 점차적으로 망각의 시간은 짧아지고 지속적인 알아차림의 시간은 길어집니다. 집중력이 강해짐에 따라 우리는 편안하고 행복하며 에너지가 충만함을 느끼기 시작합니다. 호흡은 조금씩 변화해 더 고요하게, 규칙적으로, 미약하게 됩니다. 때로는 호흡이 완전히 멈춘 것 같이 느껴질 수도 있습니다. 사실은 마음이 고요해질수록 몸 또한 고요해지고 신진대사도 느려지게 되어 산소가 덜 필요하게 됩니다. 이 단계에서 호흡의 알아차림을 수행하는 사람들은 여러 가지 독특한 경험을 할 수도 있습니다. 예를 들어, 눈을 감고 있는데 빛이나 어떤 광경을 보거나 특이한 소리를 들을 수 있습니다. 이런 초감각적 경험들은 마음이 높은 수준의 집중 상태에 도달했을 때 나타나는 현상일 뿐입니다. 이런 현상들 자체는 전혀 중요하지 않으며, 이것들에 마음을 빼앗겨서는 안 됩니다. 알아차림의 대상은 여전히 호흡입니다. 그 외의 모든 것은 다 방해물입니다. 또한 그런 경험을 기대해서도 안 됩니다. 경우에 따라 일어나기도 하고 일어나지 않기도 하기 때문입니다. 모든 이런 특이한 경험은 이 길에서 나아가고 있음을 알려주는 이정표일 뿐입니다. 때로는 그 이정표들이 숨어있어 보이지 않을 수도 있고, 혹은 길에 아주 집중하고 있어서 보지 못하고 계속 걸어가는 경우도 있습니다. 그러나 우리가 이정표를 최종 목표로 여기고 집착하는 것은 이 길에서 발전하기를 모두 중단한 것입니다. 이 길에서 얻게 되는 감각적인 경험들은 셀 수 없이 많기 때문입니다. 담마를 수행하는 사람들은 그런 경험들을 갈구하기보다 고통으로부터의 자유를 성취할 수 있도록 그들 자신의 본성에 대한 통찰을 추구합니다.

그러므로 우리는 오직 호흡에만 주의를 계속해서 집중합니다. 마음이 더 집중될수록 호흡은 더 미세해지고 더욱 알아차리기 어렵게 됩니다. 그러므로 주의집중을 하려면 여전히 더 많은 노력을 해야 합니다. 이런 식으로 계속 마음을 연마하고 집중력을 강화하여, 이를 가장 미세한 내면의 실제를 관찰하기 위해 겉으로 보이는 실제를 넘어서 내면의 실제를 꿰뚫을 수 있는 도구로 만듭니다.

집중력을 향상시키는 여러 방법이 있습니다. 여러분은 단어를 계속해서 암송하기, 이미지를 떠올려서 집중하기, 심지어는 특정한 신체 활동을 계속해서 반복하기와 같은 것을 들어본 적이 있을 것입니다. 그렇게 하면 주의집중의 대상에 깊이 몰두하게 되고 환상적인 무아지경의 상태를 경험하게 됩니다. 그런 상태가 지속되는 한 그 경험은 아주 유쾌한 것입니다만, 그 상태가 끝나면 예전처럼 문제가 많은 일상적 삶으로 돌아와 있는 자신을 발견하게 됩니다. 이런 방법들은 마음의 표면에서 평화와 기쁨의 한 꺼풀을 덮어 작용하지만, 마음의 깊은 곳에는 여전히 조건화들이 건드려지지 않은 채 남아있습니다. 그런 방법으로 얻은 집중의 대상들은 매 순간의 실제와는 아무런 관련이 없습니다. 그로 인한 환상적인 경험들은 외부적인 것이며 의도적으로 만들어진 것이지, 정화된 마음의 깊은 곳으로부터 자연히 솟아나오는 것은 아닙니다. 바른 사마디는 영적으로 중독될 수 없습니다. 그것은 모든 인위적인 것, 모든 환상과는 전혀 관련이 없습니다.

붓다의 가르침 속에는 성취할 수 있는 다양한 몰입의 상태, **자나**jhāna가 있습니다. 붓다는 깨달음을 얻기 전에 여덟 가지 정신 몰입의 상태를 배웠었고, 일생 동안 계속해서 그것들을 수행했었습니다. 그러나 정신 몰입의 상태만으로 그를 해탈케 하는 것은 불가능했습니다. 그러므로 그가 정신 몰입의 상태에 대해 가르칠 때, 그것의 기능이 오직 통찰의 발전에서 디딤돌일 뿐임을 강조했습니다. 명상가가 집중의 기능을 계발하는 것은 환희감이나 황홀감의 경험을 위해서가 아닙니다. 자신의 실제를 점검하고, 조건화를 제거하기 위해 마음을 도구로써 단련해야 합니다. 이것이 바른 집중입니다.

Q 왜 선생님께서는 아나빠나를 수행할 때 배가 아니라 콧구멍에 집중하
   라고 가르칩니까?

A 왜냐하면 우리는 아나빠나를 위빳사나 수행을 위한 준비 단계
   로서 수행하기 때문입니다. 이런 유형의 위빳사나는 특히 강한
   집중력이 필요합니다. 주의집중의 영역이 좁을수록 집중력은
   강해집니다. 복부는 이 수준까지 집중력을 계발하기에는 너무
   넓습니다. 가장 적당한 부위는 콧구멍입니다. 그래서 붓다가
   이 부위에서 훈련하라고 가르친 것입니다.

Q 호흡의 알아차림을 수행하면서, 호흡을 세거나 숨을 들이쉬면서 "들
   숨", 내쉬면서 "날숨"이라고 말해도 됩니까?

A 안 됩니다. 반복적인 단어를 사용하지 마십시오. 호흡을 알아차
   릴 때마다 단어를 갖다 붙인다면 점점 단어에 집중하게 되어
   호흡에 대해서는 완전히 잊어버리게 될 것입니다. 그러면 숨을
   들이쉬든 내쉬든, 당신은 "들숨!"이라고 말하게 될 겁니다. 숨
   을 내쉬든 들이쉬든, 당신은 "날숨!"이라고 말하게 될 것입니
   다. 그 단어가 만트라mantra, 주문이 되지요. 단순히 호흡만, 다
   른 것은 다 내버려두고 오직 호흡만 하세요.

Q 왜 사마디를 수행하는 것만으로 해탈할 수 없습니까?

A 왜냐하면 사마디를 통해 계발된 마음의 순수성은 억눌러서 얻어진 것이지 마음의 조건화를 제거해서 얻은 것이 아니기 때문입니다. 이것은 마치 누군가가 흙탕물이 들어있는 물탱크에 침전을 촉진하는 물질인 알룸을 넣어 정화하는 것과 같습니다. 알룸은 물속의 진흙 입자들을 물탱크 바닥으로 가라앉게 합니다. 그러면 물은 아주 맑아지지요. 이처럼 사마디는 마음의 윗부분을 정화해 주지만, 불순물의 찌꺼기들은 무의식 속에 남아 있습니다. 해탈에 이르기 위해서는 이 남아있는 불순물들을 제거해야 합니다. 마음 깊숙한 곳에 있는 이 불순물들을 없애기 위해서 여러분은 위빳사나를 수행해야 합니다.

Q 과거와 미래를 완전히 잊고 현재에만 주의를 기울이는 것은 해롭지 않을까요? 따지고 보면, 그건 마치 동물이 사는 방식 같습니다. 과거를 잊는 사람은 그것을 반복하게 되어있지 않습니까?

A 이 방법은 당신에게 과거를 완전히 잊어버리라거나 미래에 대해서 전혀 상관하지 말라고 가르치는 것이 아닙니다. 그러나 현재의 정신 습관은 계속해서 과거 기억이나 갈망, 계획, 혹은 미래에 대한 두려움에 몰두하게 하고, 정작 지금 이 순간에 대해서는 무지한 상태로 머물게 합니다. 이 건강하지 못한 습관이 삶을 고통스럽게 만듭니다. 명상을 통해서 현재의 실제 안

에 확고한 기반을 다지는 법을 배우게 됩니다. 이 기반을 중심으로 당신은 과거로부터 필요한 교훈을 얻고 미래를 위한 준비를 하는 것입니다.

Q 제가 명상하고 있을 때 마음이 방황하기 시작합니다. 그때 갈망이 일어나면 저는 '갈망을 하면 안 되는데'라고 생각해요. 그러고 나서 저는 동요하기 시작합니다. 제가 갈망을 하고 있기 때문에요. 이럴 때 제가 어떻게 해야 하나요?

A 왜 갈망 때문에 동요되나요? 그 사실을 그냥 받아들이세요. '여기 갈망이 있구나.' 그뿐입니다. 그러면 그것에서 빠져나오게 될 겁니다. 마음이 딴 데 정신이 팔려있다는 것을 발견하면 그것을 받아들이세요. '아차, 마음이 딴 데 가 있었구나.' 그러고 나서 자연스럽게 호흡으로 돌아오십시오. 갈망이 있다고 해서 혹은 마음이 방황한다고 해서 긴장감을 일으키지 마십시오. 그렇게 하면 새로운 혐오감을 일으키는 것입니다. 그냥 그 사실을 받아들이세요. 받아들이면 됩니다.

Q 모든 불교 명상법은 이미 요가 수행법으로 알려진 것들입니다. 붓다의 순수한 가르침을 간직했다고 하는 이 명상법이 기존의 명상법과 정말 차별화되는 부분은 무엇입니까?

A 오늘날 요가라고 불리는 것은 사실 나중에 정립된 것입니다.

파탄잘리Patanjali는 붓다보다 약 500년 후의 사람이었습니다. 그러니 당연히 그의 요가 수트라Yoga Sūtra는 붓다의 가르침에 영향을 받은 흔적이 남아있는 것입니다. 물론 붓다 이전에도 인도에는 여러 요가 수행법이 알려져 있었고, 붓다 자신도 깨달음을 얻기 전에 그것들을 직접 시험해 보았습니다. 그러나 그 수행들을 통해서는 실라와 사마디, 감각의 경험 안에 머물러있는 정신 몰입의 여덟 번째 단계, 즉 여덟 번째 자나 수준까지의 한정된 집중력만 이룰 수 있었습니다. 붓다는 아홉 번째 자나를 발견했는데, 그것이 위빳사나, 즉 모든 감각적 경험을 초월해 궁극적 목표로 수행자를 데려다줄 통찰력을 계발하는 방법이었습니다.

Q 제가 다른 사람들을 쉽게 깔본다는 것을 발견했습니다. 이 문제를 해결하려면 어떻게 해야 할까요?

A 명상을 하면서 고치도록 하세요. 자아가 강한 사람은 다른 사람들을 깔보고 경시하며 자신은 훨씬 더 중요한 사람이라고 생각하려 합니다. 그러나 명상은 자연스럽게 자아를 사라지게 합니다. 자아가 사라지면 다른 사람을 상처 주는 일은 할 수 없게 됩니다. 명상하세요. 그러면 그 문제는 자동적으로 해결될 것입니다.

Q 때로 제가 했던 일들에 대해 죄책감을 느낍니다.

A 죄책감을 느끼는 건 전혀 득이 안 됩니다. 그저 당신을 해칠 뿐
이에요. 담마의 길에 죄책감이 들어설 자리는 없습니다. 당신
이 잘못 행동했다는 것을 깨달았을 때, 그것을 정당화하거나
숨기려 하지 말고 그저 그 사실을 받아들이세요. 당신이 존경
하는 사람에게 가서 이렇게 말하는 것도 좋습니다. "저, 제가
이런 실수를 저질렀습니다. 앞으로 다시는 그러지 않도록 주의
하겠습니다." 그러고 나서 명상하십시오. 그러면 그 어려움에
서 벗어났음을 발견하게 될 것입니다.

Q 왜 제가 이 자아에 계속 집착하는 것인가요? 왜 제가 계속해서 '나'가
되려고 하나요?

A 이것이 무지에서 비롯된 마음의 조건화입니다. 그러나 위빳사
나는 당신을 이 해로운 조건화에서 자유롭게 해줄 겁니다. 항
상 나에 대해서 생각하는 대신에 다른 이들에 대해 생각하는
법을 배우게 됩니다.

Q 어떻게 그렇게 되죠?

A 첫 단계는 자신이 얼마나 이기적이고 자기중심적인지를 알아
차리는 것입니다. 이 진실을 알아차리지 않는 한 자기중심적
사랑의 미치광이 짓에서 벗어날 수 없습니다. 수행을 더 하다

보면, 남에 대한 당신의 사랑조차 사실은 자신에 대한 사랑이라는 것을 깨닫게 될 것입니다. "내가 사랑하는 사람은 누구지? 나는 그 사람으로부터 무엇인가 기대하기 때문에 그 사람을 사랑해. 나는 그가 내가 바라는 방식으로 행동하길 원해. 다른 방식으로 행동하기 시작하면 내 모든 사랑은 흔적도 없이 사라지지. 그렇다면 내가 사랑하는 사람이 그일까 나일까?" 그 대답은 분명해질 것입니다. 생각을 통해서가 아니라 당신 자신의 위빳사나 수행을 통해서 말입니다. 그리고 일단 이 사실을 깨달으면, 당신은 당신 자신의 이기심으로부터 벗어나기 시작할 것입니다. 그러면 다른 사람들을 위한 진정한 사랑을 키우는 법을 배우게 됩니다. 사심 없는 사랑, 일방적인 사랑, 아무것도 바라지 않고 주기만 하는 사랑을 말입니다.

Q 저는 노숙자들이 많은 곳에서 일합니다. 그 사람들은 손을 내밀고 "잔돈 좀 주세요!"라고 말합니다.

A 아니, 서양에서도 그런가요? 가난한 나라에서만 거지들이 있는 줄 알았는데!

Q 이 사람들은 대부분 마약을 해요. 만약 그 사람들에게 돈을 주면 그들이 마약을 하도록 돕는 일이 되는 게 아닌지 묻고 싶습니다.

A 바로 그런 점 때문에 기부를 할 때는 그것이 제대로 사용이 되

느지 주의를 해야 하는 것입니다. 안 그러면 누구에게도 도움이 되지 못할 테니 말입니다. 그런 사람들에게 돈을 주는 대신에, 그들이 중독을 극복하도록 돕는다면 진정한 봉사를 하는 셈이 되겠지요. 어떤 행동을 하던 지혜롭게 해야 합니다.

Q 선생님께서 "행복하세요!"라고 말씀하실 때, 그 말의 다른 뜻은 제게 "슬퍼하세요!"입니다.

A 왜 슬퍼하나요? 슬픔에서 벗어나세요!

Q 그렇죠. 그렇지만 전 우리가 평정심을 위해 노력하고 있다고 생각했어요.

A 아닙니다. 평정심은 당신을 행복하게 할 겁니다. 평정심을 잃으면 슬퍼지는 것입니다. 평정심을 찾고 행복해지세요!

Q 저는 그게 "평정심을 유지하고 아무것도 되지 마세요!"라는 뜻인 줄 알았어요.

A 그게 아닙니다, 아니에요. 평정심은 당신을 행복하게 만드는 것이지 아무것도 아닌 존재로 만들지 않아요. 평정심을 지니면 긍정적이게 됩니다.

우유죽

가난한 두 소년이 도시나 시골을 떠돌며 구걸로 살아가고 있었습니다. 그중 한 소년은 태어날 때부터 앞이 보이지 않았고, 다른 소년은 그를 도와주었습니다. 이런 식으로 그들은 음식을 구걸하며 함께 돌아다니곤 했습니다.

어느 날 장님 소년이 아팠습니다. 다른 소년이 말했습니다. "여기 남아서 쉬도록 해. 내가 우리 몫만큼 음식을 구걸하고 네가 먹을 것도 가지고 올게." 그리고 그는 구걸을 하러 나갔습니다.

그날 그 소년은 매우 맛있는 끼르라는 인도식 우유죽을 받게 되었습니다. 그것을 먹어본 적이 없었던지라 소년은 정말 맛있게 잘 먹었습니다. 그러나 불행하게도 친구에게 주기 위해 죽을 담아갈 그릇이 없었습니다. 그래서 그는 우유죽을 다 먹었습니다.

장님 소년에게 돌아와 그가 말했습니다. "정말 미안해. 오늘은 우유죽이라는 훌륭한 음식을 받았는데, 조금도 가지고 올 수 없었어."

장님 소년이 물었습니다. "그 우유죽이란 건 어떤 음식이야?"

"아, 그건 흰색이야. 우유는 하얗거든."

태어날 때부터 장님이었기 때문에 장님 소년은 무슨 말인지 이해할 수 없었습니다. "흰색이 뭐야?"

"흰색이 뭔지 모르니?"

"그래, 몰라."

"그건 검정색의 반대야."

"그럼 검정색은 뭐니?" 장님 소년은 검정색 또한 무엇인지 몰랐습니다.

"참 내, 알려고 좀 해봐!" 그러나 장님 소년은 이해할 수 없었습니다. 그래서 그의 친구가 주변을 돌아보다가 하얀 두루미를 보고는 잡아다가 장님 소년에게 데려왔습니다. "하얗다는 건 이 새 같은 거야."

장님 소년은 눈이 보이지 않으니, 손가락을 뻗어 두루미를 만져보았습니다. "아, 이제 하얗다는 게 뭔지 알겠어. 그건 부드러운 거구나!"

"아니야, 틀렸어. 부드러운 거랑은 아무 상관도 없어! 하얀 건

하얀 거야! 모르겠니?"

"그렇지만 네가 이 두루미 같은 거라고 했잖아. 그래서 내가 두루미를 살펴보니 부드러웠어. 그러니 우유죽은 부드러운 거야. 하얀 건 부드럽다는 뜻이야."

"아니야, 네가 잘못 이해한 거야. 다시 생각해 봐."

장님 소년은 다시 두루미의 부리에서 목, 몸통, 꼬리 끝까지 살펴보았습니다. "아, 이제 알겠어. 그건 구부러진 거야! 우유죽은 구부러진 거야!"

그는 이해할 수 없습니다. 하얀 것이 무엇인지 경험할 수 있는 능력이 없기 때문입니다. 마찬가지로 당신에게 현실을 있는 그대로 경험할 수 있는 능력이 없으면, 당신의 현실은 언제나 왜곡되어 있을 것입니다.

chapter 7

지혜의 훈련

THE ART OF LIVING

"계속 명상하면서 그 짧은 순간들이
몇 초가 되고, 몇 분이 되어
마침내 반응하는 오래된 습관이 사라지면,
이윽고 마음은 항상 평화롭게 됩니다.
이것이 고통을 멈추는 방법입니다.
이것이 우리가 자신을 고통스럽게 만드는 것을 멈추는 방법입니다."

붓다만이 실라나 사마디를 가르친 것은 아니었습니다. 이 두 가지는 그가 깨닫기 전에 널리 알려져서 이를 수행하는 사람들이 이미 있었습니다. 사실 해탈의 길을 찾으면서 붓다는 그를 가르친 두 스승에게 사마디를 배워 수련했습니다. 붓다가 이 수행법들을 설명하는 방식은 기존 종교의 스승들과 다르지 않았습니다. 모든 종교는 도덕적 행동의 필요성을 강조하며, 기도나 의식, 단식 아니면 다른 금욕적 생활양식이나 여러 가지 명상법 등을 통해 환희감을 경험할 수 있습니다. 이런 여러 수행법은 그저 깊은 정신 몰입의 상태를 목표로 합니다. 이것이 종교적 신비주의자들이 경험한 '황홀감'입니다.

이런 집중력은 몰입의 수준까지 도달하지 못하더라도 많은 도움을 줍니다. 갈망과 혐오로 반응할 상황에서 주의를 돌려 마음을 차분하게 합니다. 화가 벌컥 일어나지 않게 하려고 천천히 열을 세는 것은 사마디의 가장 기초적인 방식입니다. 더욱 분명한 방식은 아마 단어나 주문을 반복해서 암송하거나 어떤 시각적 대상에 집중하는 것입니다. 이것들은 다 효과가 있습니다. 주의를 다른 대상에 둘 때, 마음은 고요하고 평화로운 것처럼 보입니다.

그러나 이런 방식으로 얻은 고요함은 진정한 해탈이 아닙니다. 분명 집중력 훈련은 매우 유익합니다. 그러나 마음의 의식적 차원에서만 작용합니다. 현대 심리학이 만들어지기 전인 약 25세기 전, 붓다는 **아누사야**anusaya라고 불리는 잠재하는 무의식적 마음의 존재를 깨달았습니다. 그는 주의를 다른 곳으로 전환하는 것이 의식적 차원에서 갈망과 혐오를 다룰 때는 좋은 방법이 되지만, 실질적으로 그것들을 제거할 수는 없음을 발견했습니다. 대신에 비록 잠자는 상태이기는 하나 여전히 위험하게 남아있는, 무의식의 깊은 곳으로 그것들을 밀어 넣습니다. 마음의 표면에는 평화와 조화의 층으로 덮여있으나, 깊이 속을 들여다보면 부정성으로 가득 차 있어 언제 격렬하게 폭발할지 알 수 없는 휴화산과 같은 상태입니다. 붓다는 말했습니다.

나무의 뿌리가 땅속 깊이 그대로 박혀있으면,

쓰러진 나무라고 해도 새 뿌리를 다시 내뻗는다.

갈망과 혐오의 오래된 습관을 뿌리 뽑지 못하면,

고통은 계속해서 일어나고 또 일어난다.*

　무의식에 조건화가 존재하는 한, 마음은 계속해서 기회가 있을 때마다 고통을 일으키면서 새 화살을 쏠 것입니다. 이런 이유로 붓다는 집중의 훈련으로 얻을 수 있는 가장 높은 단계에 도달한 후에도 자신이 해탈하지 못했음을 알고 만족하지 않았습니다. 그는 고통으로부터 해방되는 길과 행복을 성취하는 길을 계속 찾아야 한다고 굳게 결심했습니다.

　그는 선택할 수 있는 두 가지 길이 있음을 알았습니다. 하나는 방종의 길, 즉 자신의 모든 욕망을 만족시킬 수 있도록 마음대로 할 수 있는 허가증을 주는 것이었습니다. 그들이 자각하고 있든 아니든, 이것이 대부분의 사람이 따르는 세상의 방식입니다. 그러나 붓다는 그 길이 행복을 가져다주지 못한다는 것을 분명히 보았습니다. 이 우주를 통틀어 자신의 욕망이 항상 충족되고, 바라는 일이 모두 일어나며, 바라지 않은 일은 전혀 일어나지 않는 그런 사람은 없습니다. 그 길을 선택한 사람들은 필연적으로 그들의 욕망을 만족시킬 수 없을 때 고통스러워하게 되어있습니다. 즉 실망과 불만족으로 고통을 받는 것입니다. 그러나 그들은 또한 욕망을 이루었을 때도 똑같이 고통을 받습니다. 자신이 원한 대상이 사라질

●　〈담마빠다〉, XXIV. 5 (338).

까 하는 두려움에, 그 만족의 순간이 덧없음이 밝혀질까 하는 두려움 때문에 고통스러워합니다. 욕망의 대상을 갈구하고 성취하고 상실하면서, 그런 사람들은 항상 마음이 불안하고 동요된 상태로 있습니다. 붓다는 수행자가 되기 전에 속세의 삶을 살면서 직접 경험해 보았기 때문에, 그 길이 평화를 위한 길이 아니라는 것을 알았습니다.

다른 하나는 스스로 자신의 욕망을 만족시키는 것을 그만두는 자기절제의 길입니다. 2500년 전 인도에서는 이 자기부정의 길이 모든 즐거운 경험들을 금하고 스스로에게 불쾌한 경험들을 가하는 극단적인 형태까지 치달았습니다.

자신을 학대하는 것이 갈망과 혐오의 습관을 고쳐줄 것이고, 따라서 마음을 정화해 줄 것이라는 게 이런 행동의 이유였습니다. 이러한 금욕적인 수행은 세계적인 종교적 삶의 한 현상입니다. 붓다는 출가 후 몇 년 동안 이 길 또한 경험해 보았습니다. 그는 몸이 가죽과 뼈만 남을 때까지 여러 가지 금욕적인 수행법을 했지만, 여전히 해탈하지 못한 자신을 발견했습니다. 몸을 벌하는 것은 마음을 정화하지 않습니다.

자기절제를 그렇게 극단적으로 실행할 필요는 없습니다. 불건전한 행동을 일으키는 욕망들을 충족시키지 않으면서 좀 더 중도의 형태로 수행할 수 있습니다. 이런 자기절제는 방종보다는 훨씬 나은 것처럼 보입니다. 그렇게 수행하면 적어도 비도덕적인 행동은 피할 것이기 때문입니다. 그러나 자기절제가 오직 자기억압으로만 이루어진다면, 정신적 긴장이 위험한 수준까지 높아지게 됩니다. 모든 억압된 욕망이 홍수로 범람하는 물처럼 자기부정이란 댐 뒤에서 차오를 것입니다. 그 댐은 언젠가 무너져 파괴적인 홍수를 일으키게 됩니다.

마음에 조건화가 존재하는 한, 우리는 안전할 수도, 평화로울 수도 없습니다. 실라가 아무리 유익하다 해도, 순전히 의지력으로만 유지될 수는 없습니다. 사마디를 계발하는 것이 도움이 되겠지만, 이것은 부분적인 해결책이어서 문제의 근원, 불순함의 뿌리가 자라고 있는 마음 깊은 곳에서는 작용하지 못합니다. 무의식 속에 이런 뿌리들이 묻혀있는 한, 진실하고 지속적인 행복도, 해탈도 있을 수 없습니다.

그러나 마음으로부터 조건화의 뿌리들이 제거된다면, 불건전한 행동으로 인한 방종의 위험에 놓이거나 자기억압을 할 필요가 없어질 것입니다. 불건전한 행동을 하게 하는 충동이 사라질 것이기 때문입니다. 애쓰거나 부정하면서 일어나는 긴장으로부터 자유로워져 평화롭게 살 수 있습니다.

그 뿌리들을 제거하려면 부정성들이 시작되는 곳에서 그것들을 다루기 위해 마음 깊은 곳까지 꿰뚫을 수 있는 어떤 방법이 요구됩니다. 이 방법이 붓다가 발견하고 그를 깨달음으로 이끈 빤냐panñā, 즉 지혜의 훈련입니다. 이것은 또한 위빳사나-바와나vipassanā-bhāvanā

라고도 불리는데, 이는 자신의 본성을 바라보는 통찰력, 고통을 인식하고 고통의 원인을 제거하는 수단으로서의 통찰력의 계발이라는 뜻입니다. 이것이 붓다의 발견이었습니다. 이것이 그가 자신의 해탈을 위해 수행하고 온 생애에 걸쳐 다른 사람에게 가르쳤던 것이었습니다. 이것이 그의 가르침에서 가장 특별한 부분이며, 그가 가장 중요하게 생각한 점이었습니다. 그는 계속해서 말했습니다. "계율을 지키면 정신 집중은 매우 유익할 것이다. 집중을 잘 하면 지혜가 깊어질 것이다. 지혜가 있으면 마음은 모든 불순함으로부터 자유로워질 것이다."[*]

계율과 집중, 즉 실라와 사마디는 그 나름의 가치가 있습니다. 그러나 그것들을 훈련하는 진짜 목적은 지혜를 얻기 위한 것입니다. 빤냐를 계발해야만 방종과 자기억압의 극단 사이에서 중도의 길을 찾을 수 있습니다. 계율을 지킴으로써 정신적 동요의 가장 거친 상태를 유발하는 행동들을 피할 수 있습니다. 마음을 집중함으로써 거기에서 더 나아가 마음을 차분하게 하고, 동시에 자기점검을 위한 수행을 하도록 마음을 효과적인 도구로 만들 수 있습니다. 그러나 우리가 내면의 실제를 꿰뚫고 들어가 모든 무지와 집착으로부터 스스로를 자유롭게 하는 것은 오직 지혜의 계발에 의해서입니다.

- 《디가 니까야》 16, 〈마하-빠리닙바나 숫딴따Mahā-Parinibbāna Suttanta〉.

여덟 가지 성스런 길에서 지혜를 훈련하는 두 가지가 방법은 바로 바른 생각과 바른 이해입니다.

바른 생각

위빳사나-바와나를 시작하기 전에 명상을 하면서 모든 생각을 멈춰야 하는 것은 아닙니다. 생각은 계속 일어납니다. 그러나 알아차림이 매 순간 지속되면 그것으로 위빳사나 수행을 시작하기에 충분합니다.

생각은 일어날 것입니다만, 그 생각하는 패턴의 성격이 바뀝니다. 혐오와 갈망이 호흡의 알아차림을 통해 가라앉습니다. 마음은 적어도 의식적 수준에서 고요해지고, 담마에 대해서 그리고 고통으로부터 벗어날 방법에 대해서 생각하기 시작합니다. 호흡을 알아차리기 시작할 때의 어려움들은 이제 사라지거나 적어도 어느 정도는 극복하게 됩니다. 그러면 다음 단계, 바른 이해로 넘어갈 준비가 된 것입니다.

바른 이해

바른 이해가 진정한 지혜입니다. 진리에 대해서 생각하는 것만으로는 충분하지 않습니다. 우리는 진리를 직접 경험해야 하고, 사물을 단지 보이는 대로가 아닌 있는 그대로 봐야 합니다. 눈에 보이는 진리는 실제이지만 궁극적인 진리를 직접 경험하고 고통을 제거하기 위해서는 반드시 그 실제를 꿰뚫고 들어가야 합니다.

지혜에는 세 가지 종류가 있습니다. 들어서 얻은 지혜 즉 **수따-마야 빤냐**suta-mayā paññā, 지적인 이해로 얻은 지혜 즉 **찐따-마야 빤냐**cinta-maya paññā, 그리고 경험으로 얻은 지혜 즉 **바와나-마야 빤냐**bhāvanā-mayā paññā입니다. 수따-마야 빤냐는 말 그대로 해석하면 '들은 지혜'인데, 예를 들면 다른 사람으로부터 듣거나 책을 읽거나 설교나 강의를 들어서 배운 지혜입니다. 이것은 내 것으로 받아들이겠다고 결정한 다른 사람의 지혜입니다. 무지로 인해 받아들이는 경우, 예를 들어 특정한 사상·믿음의 체계·종교 등을 고수하는 공동체에서 자라난 사람들은 그 공동체의 이념을 의심하지 않고 받아들일 것입니다. 또는 갈망 때문에 받아들이는 경우도 있습니다. 그 공동체의 지도자들이 기존의 사상·전통적 믿음을 받아들이면 행복한 미래가 보장될 것이라고 선언하는 것이 그것입니다. 아마 그들은 믿는 자는 누구나 사후에 천국에 갈 것이라고 주장할 것입니다. 혹은 두려움 때문에 받아들이는 경우도 있습니다. 지도자들은 사람들이 그 공동체의 사상에 의심이나 의문이 있다는 것을 알아차릴 수도 있습니다. 그래서 그들은 사람들이 그 사상에 따르도록 하기 위해, 만약 믿지 않으면 미래에 끔찍한 벌을 받을 것이다 혹은 사후에 지옥에 갈 것이라고 위협하며 경고합니다. 당연히 아무도 지옥에 가기를 원하지 않으므로, 사람들은 자신의 의문들을 억누른 채 공동체의 믿음체계를 받아들입니다.

그 이유가 맹목적인 믿음, 갈망 혹은 두려움 때문이건 간에, 누군가로부터 전해 받은 지혜는 자신의 지혜, 자신이 경험한 것이 아닙니다. 그것은 빌려온 지혜입니다.

두 번째 종류인 지적인 지혜는 머리로 이해하는 것입니다. 어떤 가르침을 읽거나 듣고 나서, 깊이 생각하고 그것이 정말 이성적인가 유익한가 실용적인가 살펴봅니다. 그리고 지적인 수준에서 만족스럽다면, 그것이 맞다고 받아들이는 것입니다. 하지만 여전히 이것은 자신의 지혜가 아니며 자신이 들은 지혜를 지식화한 것일 뿐입니다.

세 번째 지혜는 자신의 경험에서, 직접 진리를 깨닫고 일어나는 지혜입니다. 이 지혜가 살아있는 지혜, 마음의 본성을 바꿈으로써 삶에 변화를 일으키는 진정한 지혜입니다.

세상을 살아가다 보면 경험적 지혜가 항상 필요하거나 바람직하지 않을 수도 있습니다. 불이 위험한 것이라는 사실을 아는 것은 다른 이의 경고를 받아들이거나 연역적 추리에 의해 사실을 확인하는 것으로 충분합니다. 불에 닿으면 데인다는 것을 받아들이기 전에 불에 몸을 던지는 것은 무모하고 어리석은 것입니다. 그러나 담마 안에서는 경험에서 나오는 지혜가 필수적입니다. 그것이 마음의 질병으로부터 벗어나게 해주는 유일한 방법이기 때문입니다.

다른 사람에게 들어서 얻은 지혜나 지적 탐구로 얻은 지혜가 세 번째 지혜인 경험으로 닦는 지혜로 나아가도록 영감을 주고 우리를 안내해 준다면 도움이 됩니다. 그러나 의심 없이 들은 지식을 받아들이는 데 만족한다면, 그 지혜는 경험적 이해를 얻지 못하게 하는 속박과 걸림돌이 됩니다. 이와 똑같은 이유로, 만약 우리가 진리를 연구하고 이해하기 위해 깊이 생각하는 수준에만 만족하고 그것을 직접 경험하기 위한 노력을 하지 않는다면, 우리의 모든 지식은 해탈을 돕는 것이 아니라 해탈을 막는 걸림돌이 됩니다.

우리 모두는 직접적인 경험을 통해, 바와나를 통해 진리를 경험해야 합니다. 오직 이 경험만이 마음을 해탈하게 합니다. 다른 사람이 깨달은 진리는 우리를 해탈하게 할 수 없습니다. 붓다의 깨달음도 오직 한 사람, 싯다르타 고따마만을 해탈하게 할 수 있었습니다. 누군가의 깨달음은 다른 사람들에게 영감을 제공하고 그들이 따라올 수 있도록 안내서를 제공할 뿐입니다. 그러나 붓다가 아래와 같이 설했듯이, 궁극적으로 각자가 스스로를 위해 노력해야 합니다.

그대가 스스로 노력해야 한다.
깨달음에 도달한 자는 그 길을 보여줄 뿐이다.[*]

진리는 직접 경험함으로써, 오직 자신을 통해서 가능한 것입니

---

[*] 〈담마빠다〉, XX. 4 (276).

다. 외부의 것들은 무엇이든 우리로부터 떨어져 있는 것입니다. 자신 안에서 실제를 있는 그대로 직접적으로 경험할 수 있습니다.

세 가지 지혜 중 처음 두 가지 지혜는 붓다만 가르친 것이 아니었습니다. 그가 가르치기 전부터 그 두 가지는 인도에 이미 있었고, 똑같은 것을 가르치는 스승들이 붓다의 시대에도 있었습니다.•• 세상에 대한 붓다의 특별한 업적은 바로 진리를 직접 깨닫는 법을 가르쳐 경험적 차원의 지혜, 즉 바와나-마야 빤냐를 계발할 수 있도록 한 것입니다. 직접적인 진리의 깨달음을 성취하기 위한 이 방법이 위빳사나-바와나vipassanā-bhāvanā입니다.

위빳사나-바와나

위빳사나를 보통 깨달음의 섬광, 갑자기 일어나는 진리의 직감이라고 설명하곤 합니다. 그 설명은 맞긴 한데, 사실 명상하는 사람들이 그런 직감을 경험할 수 있는 수준까지 도달하게 하는 단계적 수련법이 있습니다. 이 방법이 위빳사나-바와나, 즉 통찰력의 계발, 흔히 말해서 위빳사나 명상입니다.

빳사나passanā라는 단어는 '봄'을 뜻하는데, 우리가 눈을 뜨고 보는 일반적인 보기를 의미합니다. 위빳사나Vipassanā는 특별한 보기를 의미하는데, 자신 안의 실제를 관찰하는 것입니다. 이것은 우리

•• 《상윳따 니까야》 XLVI (II). vi. 2, 〈빠리야야 숫따Pariyāya Sutta〉를 참고하시오.

신체의 감각을 주의집중 대상으로 삼아야 가능합니다. 이 방법은 자신 안의 감각을 체계적으로, 감정의 흔들림 없이 공정하게 관찰하는 것입니다.

어째서 감각을 관찰합니까? 그것은 첫째로 우리가 실제를 직접적으로 경험하는 것은 감각을 통해서이기 때문입니다. 무엇인가가 직접 다섯 가지 신체적 감각 혹은 마음과 접촉하지 않는다면, 그것은 우리에게 존재하지 않는 것입니다. 감각과 마음이야말로 우리가 세상과 만나고 모든 경험을 가능하게 해주는 문입니다. 그리고 무엇이든 여섯 가지 감각기관과 접촉하게 되면 어떤 감각이 일어납니다. 붓다는 그 과정을 이와 같이 설명했습니다. "누가 막대기 두 개를 가져다 서로 문지르면, 그 마찰에서 열이 발생하고, 불꽃이 일어난다. 이처럼 접촉이 유쾌한 경험이 되려면 유쾌한 감각이 일어나야 한다. 접촉이 불쾌한 경험이 되려면 불쾌한 감각이 일어나야 한다. 유쾌하지도 불쾌하지도 않은 중립적 경험이 일어나려면 중립적 감각이 일어나야 한다."*

어떤 대상이 마음 또는 신체와 접촉하면 감각의 불꽃을 일으킵니다. 따라서 감각은 그로 인해 일어나는 신체적·정신적 현상들로 세상을 경험하게 해주는 수단입니다. 경험적 지혜를 계발하려면,

---

● 《상윳따 니까야》 XII. vii. 62 (2), 〈두띠야 앗수따와 숫따Dutiya Assutavā Sutta〉 그리고 《상윳따 니까야》 XXXVI (II). i. 10, 〈팟사 물라까 숫따Phassa Mūlaka Sutta〉.

우리가 실질적으로 경험하고 있는 것이 무엇인지 알아차려야 합니다. 바로 감각의 알아차림을 계발해야 한다는 말입니다.

그뿐만 아니라 신체적 감각은 마음과 깊은 관련이 있으며, 호흡처럼 현재의 정신 상태를 반영합니다. 정신적 대상들, 즉 생각, 견해, 상상, 감정, 기억, 희망, 두려움 등이 마음과 접촉하면 감각이 일어납니다. 모든 생각, 모든 감정, 모든 정신적 활동에 대응하는 감각들은 몸에 나타납니다. 그러므로 신체적 감각을 관찰하는 것은 마음도 관찰하는 것입니다.

감각은 진리를 깊이 탐구하기 위해 꼭 필요합니다. 우리가 세상에서 맞닥뜨리는 무엇이든 몸에서 감각을 일으킬 것입니다. 감각은 마음과 몸이 만나는 교차로입니다. 비록 감각의 성질이 물리적이기는 하나, 이 또한 네 가지 정신적 과정 중 하나입니다(Chapter 2를 볼 것). 이는 몸에서 일어나 마음으로 느끼게 됩니다. 시체나 무생물은 감각이 없습니다. 마음이 없기 때문입니다. 우리가 이 경험을 알아차리지 못하면 실제에 대한 우리의 탐구는 불완전하며 피상적인 것이 됩니다. 정원의 잡초를 뽑는 것도 숨겨진 뿌리를 찾아내고 그것들의 습성을 알아야 가능합니다. 이처럼 우리가 자신의 본성을 이해하고 적절하게 다루기 위해서는 숨겨진 채 남아있는 대부분의 감각을 알아차려야 합니다.

감각은 몸 전체에 걸쳐 일어납니다. 모든 정신적·육체적 접촉이 감각을 만들어냅니다. 모든 생화학적 반응이 감각을 일어나게 합니다. 일상생활 속에서 의식적 마음은 모든 감각이 아닌, 그중에서 가장 강렬한 감각에 집중합니다. 그러나 일단 아나빠나-사띠 수행을 통해 마음을 날카롭게 다듬어 알아차림의 능력을 계발하게 되면, 일어나는 모든 감각의 실제를 의식적으로 경험할 수 있게 됩니다.

호흡의 알아차림을 수련할 때, 그 목적은 호흡을 통제하거나 조절하는 것이 아니라 그저 자연스러운 호흡을 관찰하는 것입니다. 이와 마찬가지로 위빳사나-바와나를 할 때에도 그저 신체 감각을 관찰합니다. 주의집중을 몸 전체에 걸쳐 머리끝에서 발끝까지, 발끝에서 머리끝까지, 한 끝에서 다른 끝으로 이동합니다. 그러나 그렇게 하면서 특정한 감각을 찾아서는 안 되며, 피하려고 해서도 안 됩니다. 오직 객관적으로 관찰하기 위해서, 몸에서 일어나는 어떤 감각이든 알아차리기 위해서 노력해야 합니다. 어떤 종류의 감각이든 일어날 수 있습니다. 열, 냉기, 무거움, 가벼움, 가려움, 두근거림, 수축, 확장, 압박감, 고통, 얼얼하고 쑤시는 느낌, 진동, 떨림, 그외에 다른 감각도 느낄 수 있습니다. 명상하는 사람은 특별한 것을 찾지 말고 자연스럽게 일어나는 일반적인 육체적 감각을 관찰하려고 합니다.

감각의 원인을 알아내려는 노력도 하지 않습니다. 공기의 상태가 원인일 수도 있고, 앉는 자세 때문일 수도 있으며, 오래된 질병이나 신체적으로 약한 부위가 있어서, 아니면 음식 때문에도 그런 감각이 일어날 수 있습니다. 그 이유는 중요하지 않으며 명상하는 사람이 신경 쓸 일이 아닙니다. 중요한 것은 지금 이 순간에 집중하고 있는 그 부위에서 일어나고 있는 감각을 알아차리는 것입니다.

우리가 이 명상을 처음 시작할 때, 몸의 어떤 부분은 알아차릴 수 있지만 어떤 부분은 잘 안 됩니다. 알아차리는 능력이 완전하지 못하기 때문에 강렬한 감각만 경험하고 미세하고 미묘한 감각은 경험하지 못합니다. 그래도 더 강하게 느껴지는 감각에 주의가 과도하게 집중되지 않도록 하면서 계속해서 순서대로 알아차립니다. 집중력을 훈련했으므로 의식적으로 선택한 대상에 주의를 집중하는 능력을 계발한 것입니다. 이제 우리는 알아차림을 신체 모든 부분으로 차례대로 이동하는 데 이 능력을 사용합니다. 감각이 불확실한 부분에서 감각이 두드러진 부분으로 넘어가려고 하지 않고, 어떤 감각에서는 시간을 끌거나 다른 어떤 감각은 피하려고도 하지 않습니다. 이런 식으로 점점 모든 부분에서 감각을 느끼는 단계에 이르게 됩니다.

호흡 알아차리기를 시작할 때, 때로 호흡이 무겁고 불규칙할 것입니다. 그러다가 점점 고요해져서 점차적으로 가볍고 미세한 호흡이 됩니다. 이처럼 위빳사나 명상의 훈련을 시작할 때는 보통 영원히 지속될 것 같은 거칠고 강하고 불쾌한 감각을 경험합니다. 동시에 격한 감정이나 오랫동안 잊고 있었던 생각과 기억들이 일어나면서 정신적·육체적 불편함, 심지어 고통도 동반할 수 있습니다. 호흡을 알아차리는 훈련을 할 때 명상의 진전을 방해했던 갈망·혐오·게으름·불안함·의심 등의 장애물들이 이때 다시 나타나 감각의 알아차림을 유지하는 것을 완전히 불가능하게 할 정도의 그런 힘을 얻을지도 모릅니다. 이런 상황에서는 마음을 가라앉히고, 예리하게 다듬어 다시 한 번 호흡의 알아차림으로 되돌아가야 합니다.

이 모든 어려움이 나타나는 것은 처음에 명상을 제대로 했기 때문에 일어나는 결과라는 것을 이해하고 참을성 있게, 패배감을 갖지 말고, 명상가로서 다시 집중력을 단련합니다. 깊이 묻혀있던 조건화가 휘젓고 올라와 의식적 차원에서 나타나기 시작합니다. 점차적으로 긴장하지 않고 지속된 노력으로 마음은 다시 고요해지고 하나로 모아집니다. 강렬한 생각이나 감정들은 지나가고, 다시 감각의 알아차림으로 돌아옵니다. 그리고 반복적이고 지속적인 수행을 통해서 강렬한 감각들은 더욱 균일하고 미세한 것으로 분해되어 엄청난 속도로 나타났다가 사라지는 순수한 진동이 됩니다.

그러나 명상을 할 때 감각이 유쾌한지 불쾌한지, 강렬한지 미세한지, 균일한지 다양한지 등은 아무런 상관이 없습니다. 우리의 과제는 그저 객관적으로 관찰하는 것입니다. 불쾌한 감각 때문에 통증이 일어나든 유쾌한 감각 때문에 집착을 느끼든, 어떤 감각 때문에 주의가 분산되거나 사로잡히지 않도록 하면서 계속해서 노력합니다. 우리가 해야 할 일은 오직 과학자가 실험실에서 연구할 때와 같이 거리를 두고 객관적으로 스스로를 관찰하는 것입니다.

아닛짜, 아낫따 그리고 둑카

인내심을 갖고 계속 명상을 하면서 우리는 곧 한 가지 근본적인 사실, 감각은 계속해서 변화한다는 것을 깨닫습니다. 매 순간 몸의 모든 곳에서 감각이 일어나는데, 모든 감각은 변화의 증거입니다. 매 순간 온몸에서 변화가, 전자장과 생화학적 반응이 일어납니다. 이보다 더 빠른 속도로 정신과정이 변하고 신체적 변화로 드러나게 됩니다.

이것이 마음과 물질의 실제입니다. 끊임없이 변화하며 무상합니다. 즉 **아닛짜**anicca입니다. 매 순간 몸을 구성하는 아원자입자들(원자를 구성하는 더 작은 입자)은 계속해서 나타났다가 사라집니다. 매 순간 정신작용은 잇따라 일어났다가 사라집니다. 한 사람의 정신과 육체 내부는 바깥세상과 같이 매 순간 변화합니다. 이전에도 이것이 사실이라는 것을 알고 있었을 수도 있습니다. 지적으로 이해했을 수도 있습니다. 그러나 이제는 위빳사나 수행으로 몸을 통해 직접적으로 무상함의 실제를 경험합니다. 이 직접적인 감각변화의 경험은 우리 존재가 본래 덧없음을 보여줍니다.

몸의 모든 입자, 마음의 모든 과정은 지속적으로 변화하고 있습니다. 한순간 이상 남아있는 것은 그 어떤 것도 없고, 우리가 매달릴 수 있는 고정불변의 그 어떤 것도 없으며, '나' 또는 '내 것'이라고 부를 수 있는 것도 없습니다. 이 '나'는 실제로는 그저 항상 변하고 있는 과정의 복합체입니다.

그러므로 명상가들은 또 다른 기본적인 실제인 **아낫따**anattā, 즉 진정한 '나'라는 것은 없으며 영원한 자아나 에고는 없다는 것을 이해하게 됩니다. 사람들이 그렇게 헌신의 대상으로 여기는 자아는 계속 변화하고 있는 정신적·육체적 과정들의 복합체로 이루어진 일종의 환상입니다. 몸과 마음을 가장 깊은 차원에서 탐구하면, 절대불변하는 응어리나 변화를 겪지 않는 본질이란 존재하지 않으며, 그 어떤 것도 무상의 법칙으로부터 예외가 아니라는 것을 알게 됩니다. 누구도 통제할 수 없는, 변화하는 일반적인 현상만이 있을 뿐입니다.

그러면 또 다른 실제가 명확해집니다. "나는 이런 사람이다. 이것이 나다. 이것은 내 것이다"라고 말하면서 무엇인가에 매달리면 불행해진다는 것입니다. 왜냐하면 조만간 매달렸던 그 무엇인가가 사라지거나 이 '나'란 것이 없어지기 때문입니다. 무상한 것, 일시적인 것, 허황된 것, 통제할 수 없는 것에 대한 집착은 **둑카**dukkha입니다. 우리는 이 모든 것을 이해합니다. 다른 사람이 그렇다고 말해주었기 때문이 아니라 몸의 감각을 관찰하면서 직접 경험했기 때문입니다.

평정심

불행해지지 않으려면 어떻게 해야 합니까? 어떻게 고통을 겪지 않고 살아갈 수 있습니까? 간단합니다. 반응하지 않고 관찰하십시오. 어떤 경험은 유지하려고 하고 다른 경험은 피하려고 하는 대신에, 이것은 가까이하고 저것은 밀어내는 대신에, 침착하게 평정한 마음으로 모든 현상을 객관적으로 관찰하기만 하십시오.

이게 쉬운 것처럼 들립니다만, 한 시간 동안 명상하며 앉아있다가 10분쯤 지나 무릎이 아파오면 어떻게 합니까? 맨 처음 우리는 그 통증을 싫어하기 시작합니다. 그것이 사라지길 바라면서 말입니다. 그러나 사라지질 않습니다. 대신에 싫어하면 할수록, 그 정도는 더욱 심해집니다. 육체적 고통이 정신적 고통이 되어 큰 괴로움의 원인이 됩니다.

우리가 한순간이라도 육체적 고통을 관찰하는 것을 배운다면, 그것이 매우 일시적이라 하더라도 우리는 그것이 '나의 고통'이며 '내가 아프다'는 환상으로부터 벗어날 수 있습니다. 의사가 환자를 진찰하듯이 감각을 객관적으로 관찰할 수 있다면, 그 고통이 스스로 변화하는 것을 보게 될 것입니다. 고통은 영원하지 않습니다. 매 순간 그것은 변화하여 사라지고 다시 나타나서 변화하기를 반복합니다.

직접 경험으로 이것을 이해할 때, 그 고통은 더 이상 우리를 압도할 수도, 우리를 조종할 수도 없음을 발견합니다. 빨리 사라질 수도 있고 아닐 수도 있지만, 그것은 문제가 되지 않습니다. 우리는 더 이상 고통 때문에 괴로워하지 않습니다. 객관적으로 바라볼 수 있기 때문입니다.

해탈로 가는 길

알아차림과 평정심을 계발하면서 고통으로부터 자유로워집니다. 고통은 자신의 실제에 대한 무지에서 비롯됩니다. 이 무지의 어둠 속에서 마음은 모든 감각에서 좋아함과 싫어함, 갈망과 혐오로 반응합니다. 그런 모든 행동이 지금 고통을 낳으며 미래에 고통만을 가져오는 연쇄적 작용을 시작합니다.

어떻게 해야 원인과 결과의 사슬을 끊을 수 있습니까? 이유는 알 수 없지만, 과거의 무지한 행동 때문에 삶이 시작되었고, 몸과 마음의 흐름이 시작되었습니다. 그러면 자살을 해야 합니까? 아닙니다. 그렇게 한다고 이 문제가 해결되지는 않습니다. 자신을 죽일 때 그 순간의 마음은 고통으로, 혐오로 가득 차 있습니다. 다음에 어떤 생을 맞이하든, 그 또한 고통으로 가득할 것입니다. 그런 행동으로 행복해질 수 없습니다.

생이 시작되었고, 어느 누구도 거기로부터 탈출할 수 없습니다. 그렇다면 경험을 하게 하는 여섯 가지 감각기관을 다 파괴해야 합니까? 눈을 뽑고, 혀를 자르고, 코와 귀를 망가뜨릴 수는 있을 것입니다. 그러나 마음을 없앨 수 있습니까? 이것 또한 자살과 같이 아무 소용없는 짓입니다.

그렇다면 여섯 가지 감각의 대상물들, 모든 보이는 것, 소리 등등을 다 없애야 합니까? 이것은 불가능합니다. 우주는 무수히 많은 대상으로 가득 차 있습니다. 누구도 그것들을 모두 파괴할 수는 없습니다. 여섯 가지 감각기관이 존재하는 한, 그것들이 각자 그 대상과 접촉하는 것을 막는 것은 불가능합니다. 그리고 접촉이 일어나자마자 감각이 일어나게 되어있습니다.

그러나 이것이 바로 사슬이 끊어질 수 있는 지점입니다. 결정적인 연결점은 감각이 일어나는 순간에 생겨납니다. 모든 감각은 집착이나 혐오를 일으킵니다. 이 집착과 혐오의 순간적이고 무의식적인 반응들은 현재와 미래에 고통을 일으키면서 즉각 증가하기 시작해 더 큰 갈망과 혐오로, 애착으로 악화됩니다. 이것은 자동적으로 반복되는 무의식적 습관이 됩니다.

그러나 위빳사나 수행를 하면서 우리는 모든 감각에 대한 알아차림을 계발합니다. 그리고 평정심을 계발합니다. 반응하지 않습니다. 감각을 좋아하거나 싫어하지 않고, 갈망·혐오·집착 없이 객관적으로 검토합니다. 이제 모든 감각은 새로운 반응을 일으키는 대신, 오직 지혜, 빤냐, 통찰력을 불러일으킵니다. "이것은 무상하다. 이것은 변화하게 되어있다. 이것은 사라지기 위하여 일어난다."

사슬은 끊어지고 고통은 멈추었습니다. 갈망과 혐오의 새 반응들이 없으므로 고통을 일으키게 하는 원인도 없습니다. 고통의 원인은 깜마kamma, 정신적 행위입니다. 이는 갈망과 혐오를 일으키는 맹목적 반응, 상카라sankhāra입니다. 마음이 감각을 알아차리며 평정을 유지할 때, 고통을 일으키는 반응이나 원인은 존재할 수 없습니다. 자신을 고통스럽게 만드는 것을 멈춘 것입니다. 붓다는 말했습니다.

> 모든 상카라는 무상하다.
> 진정한 통찰을 통해 이것을 깨달을 때,
> 그대는 모든 고통으로부터 초연해진다.
> 이것이 정화의 길이다.*

이 상카라라는 단어는 의미가 다양합니다. 마음의 맹목적인 반응을 상카라라고 부릅니다. 그러나 그 행동의 결과, 그 열매도 역시 상카라라고 합니다. 심은 대로 나는 것입니다. 우리가 살면서 겪는 일은 모두 따져보면 우리 자신의 정신 행위에서 온 결과입니다. 그러므로 가장 넓은 의미의 상카라는 이렇게 주어진 세상의 모든 것, 창조되고 형성된 모든 것을 의미합니다. 따라서 정신적인 것이든 물질적인 것이든, 우주의 '모든 창조된 것은 무상한 것'입니다. 위빳사나 수행을 통해 경험적 지혜로 이 진리를 관찰하면 고통은 사라집니다. 이는 고통의 원인으로부터 뒤돌아섰기 때문입니

---

* 〈담마빠다〉, XX. 5 (277).

다. 이 말은 곧 갈망과 혐오의 습관을 내려놓음을 의미합니다. 이것이 해탈의 길입니다.

모든 노력은 반응하지 않는 법, 상카라를 만들지 않는 법을 익히기 위함입니다. 어떤 감각이 일어나고 좋아하거나 싫어하는 마음이 시작됩니다. 우리가 알아차리지 못하면 이 찰나의 순간은 반복되고 심화되어 갈망과 혐오가 되고, 격렬한 감정으로 자라나 결국에는 의식적 마음을 압도하기에 이릅니다. 그러면 감정에 사로잡혀 제대로 된 판단을 내리지 못합니다. 그 결과 남을 해치는 불순한 말과 행동을 하고 있는 자신을 발견합니다. 우리는 스스로에게 고통을 만들어내고 있으며 지금도 미래에도 고통을 겪습니다. 한 순간의 맹목적인 반응 때문에 말입니다.

그러나 반응의 과정이 일어나는 지점이 어딘지 안다면, 즉 감각을 알아차린다면, 어떤 반응도 일어나지 않도록 또는 심화되지 않도록 하는 쪽을 선택할 수 있습니다. 좋아하지도 싫어하지도 않으면서 반응하지 않고 감각을 바라봅니다. 그것이 갈망이나 혐오로, 격렬한 감정으로 자라나 우리를 압도할 가능성은 없습니다. 감각은 그저 일어나고 사라집니다. 그 마음은 평정하고 평화로운 상태입니다. 이제 우리는 행복합니다. 미래의 행복을 기대할 수 있습니다. 왜냐하면 우리가 반응하지 않기 때문입니다.

이 반응하지 않는 능력은 아주 소중한 것입니다. 우리가 몸의 감각을 알아차리고 동시에 평정을 유지한다면, 그 순간 마음은 자유롭습니다. 아마 처음에는 명상 중에 몇 순간만 이런 경험을 할 것입니다. 그 몇 순간을 제외한 나머지 시간에 감각에 반응하는 오랜 습관으로, 마음은 갈망·혐오·고통의 오래된 바퀴 속에 허덕이고 있을 것입니다. 그러나 계속 명상하면서 그 짧은 순간들이 몇 초가 되고 몇 분이 되어 마침내 반응하는 오래된 습관이 사라지면, 이윽고 마음은 항상 평화롭게 됩니다. 이것이 고통을 멈추는 방법입니다. 이것이 우리가 자신을 고통스럽게 만드는 것을 멈추는 방법입니다.

질문과 고엔카 선생님의 답변

Q 왜 몸을 관찰할 때 특정한 순서로 주의집중을 이동시켜야 하나요?

A 왜냐하면 당신은 마음과 물질의 실제를 철저히 탐구하고자 수행하고 있기 때문입니다. 이렇게 하려면 몸의 모든 부분에서 무엇이 일어나고 있는지 느낄 수 있는 능력을 계발해야만 합니다. 어떤 부위도 빠뜨려선 안 됩니다. 당신은 또한 모든 종류의 감각을 관찰할 수 있는 능력을 계발해야 합니다. 이와 같이 붓다는 말했습니다. "감각은 몸의 어느 곳이든 존재한다. 육체가 있고 그 속에 생명이 있다면, 어느 곳이든 감각이 존재한다."*

* 《상윳따 니까야》 XXXVI (II). i. 7. 〈빠타마 겔란냐 숫따_Pathama Gelañña Sutta〉.

만약 당신이 주의를 여기저기로, 이 감각에서 저 감각으로 임의로 옮기면 자연히 항상 더 강한 감각이 있는 부위에 주의를 집중하게 될 것입니다. 그렇게 되면 어떤 부위는 빠뜨리게 되고, 그러면 더 미세한 감각을 관찰하는 법을 배울 수 없게 됩니다. 당신의 관찰은 부분적이고 불충분하며 피상적인 상태로 남을 것입니다. 그러니 항상 주의를 순서대로 옮기는 것이 중요합니다.

Q 우리가 감각을 만들어내지 않는다는 것을 어떻게 알 수 있습니까?

A 자신을 대상으로 한번 시험해 보세요. 만약 당신이 느끼는 것이 진짜인지 의심스럽다면, 두서너 개의 지시, 자기암시를 걸어보십시오. 당신의 말대로 감각이 변하면, 그것이 진짜가 아니라는 것을 알게 된 것입니다. 그 경우, 당신의 모든 경험을 내버려두고 잠시 호흡을 관찰하면서 다시 시작하세요. 그러나 당신이 감각을 통제할 수 없음을, 당신 마음대로 변화시킬 수 없음을 발견했다면, 의심을 떨쳐버리고 당신이 경험한 것이 실제임을 받아들이세요.

Q 만약 이 감각들이 실제라면, 왜 평상시에는 느끼지 못하는 것일까요?

A 당신은 느끼고 있습니다. 무의식적 차원에서 말입니다. 의식적 마음은 알아차리지 못하지만, 무의식적 마음은 항상 몸에서 감

각을 느끼고 그것들에게 반응합니다. 이 과정은 24시간 내내 일어납니다. 그러나 위빳사나 명상을 하면서 의식과 무의식 사이의 장벽이 무너집니다. 몸과 마음의 구조 내부에서 일어나는 모든 것, 당신이 경험하는 모든 것을 알아차리게 되지요.

Q 일부러 자신이 육체적 고통을 느끼도록 내버려두는 것은 자기학대적인 것처럼 들리는데요.

A 만약 고통만을 경험하라고 한다면 그렇겠지요. 그 대신 이 명상법은 고통을 객관적으로 관찰하라고 합니다. 반응하지 않고 관찰할 때, 마음은 자동적으로 고통의 실제를 넘어 매 순간 일어나고 사라지는 진동만이 있는 미세한 실제를 꿰뚫게 됩니다. 그 미세한 실제를 경험할 때, 고통은 당신을 조종할 수 없습니다. 당신이 주인입니다. 당신은 고통으로부터 자유롭습니다.

Q 그러나 통증은 몸의 어떤 부위에서 피가 통하지 않는다는 신호일 수도 있습니다. 그런 몸의 신호들을 무시하는 것을 지혜롭다고 할 수 있을까요?

A 우리는 이 방법이 해롭지 않다고 판단하고 있습니다. 만약 해롭다면 남에게 권하지 않았겠지요. 수천 명의 사람이 이 방법으로 명상을 했습니다. 제대로 수행한 사람 중 부상당한 사람이 있었던 경우는 단 한 번도 없었습니다. 참가자들이 일반적

으로 경험하는 것은 몸이 더욱 유연해지고 부드러워진다는 것입니다. 평정심으로 고통을 마주하는 법을 배우면 그 고통은 사라집니다.

Q 여섯 가지 감각기관 중 어떤 것을 관찰하더라도 위빳사나 명상이 가능하지 않나요? 예를 들어 눈과 색깔·형태의 접촉, 귀와 소리의 접촉으로 관찰하면서 말이에요.

A 물론입니다. 그러나 그 관찰은 감각의 알아차림을 동반한 관찰이어야 합니다. 여섯 가지 감각기관(눈, 귀, 코, 혀, 몸, 마음)에 접촉이 일어날 때마다 감각이 생깁니다. 그것을 알아차리지 못하면 어디에서 반응이 일어나는지 그 지점을 놓치게 됩니다. 대부분의 감각기관의 경우, 접촉은 시간 간격을 두고 이루어집니다. 귀에 소리가 들릴 때도 있지만, 안 들릴 때도 있습니다. 그러나 깊은 차원에서는 마음과 물질이 항상 접촉하고 있고 계속 감각을 만들어냅니다. 이런 이유 때문에 감각을 관찰하는 것이 무상을 경험하는 데 확실한 최적의 방법인 것입니다. 다른 감각기관으로 관찰을 시도하기 전에 이것부터 먼저 터득해야 합니다.

Q 단지 일어나는 것을 그대로 받아들이고 관찰해야 한다면, 어떻게 진보할 수 있습니까?

A   이 길에서의 진보는 평정심의 발전을 통해 측정할 수 있습니다. 평정심 외에는 선택의 여지가 없지요. 그도 그럴 것이, 당신은 감각을 변화시킬 수도, 만들어낼 수도 없으니까요. 어떤 감각이든 일어나면 일어나는 것입니다. 감각이 유쾌하거나 불쾌할 수도 있고 이러저러할 수 있지만, 평정심을 유지한다면 당신은 확실히 이 길에서 발전하고 있는 것입니다. 당신은 반응하는 오래된 정신적 습관을 없애고 있는 것입니다.

Q   그건 명상 중의 경우잖아요. 그것을 어떻게 일상 속에서 실천하나요?

A   살아가다가 문제가 일어나면, 잠시 동안 평정한 마음으로 감각을 관찰하세요. 마음이 고요하고 평정하면 어떤 결정을 내리든 바른 결정을 내리게 될 것입니다. 마음이 동요되었을 때는 어떤 결정을 내리든 모두 일종의 반응입니다. 부정적 반응에서 긍정적 행위로 삶의 습관을 바꾸는 법을 배워야 합니다.

Q   그럼 화를 내거나 비판하지 않더라도, 어떤 일이 다른 방식으로 혹은 더 나은 방식으로 진행될 수 있다고 생각하면 가서 말하라는 뜻인가요?

A   그렇습니다. 반드시 행동해야 합니다. 삶은 주체적으로 행동하기 위한 것입니다. 수동적으로 살지 마십시오. 그러나 그 행위는 평정한 마음으로 행해야 합니다.

Q 오늘 무딘 부위의 감각을 느끼려고 관찰을 하고 있었는데, 감각이 느껴지자 저는 쾌감을 느꼈습니다. 마치 홈런을 치는 느낌이었어요. 제가 속으로 "좋았어!"라고 외치는 것을 들었습니다. 그리곤 생각했죠. "아, 이런. 이렇게 반응하고 싶지 않은데." 세상으로 돌아가서 야구나 축구를 볼 때, 제가 어떻게 반응하지 않을 수 있는지 궁금해요.

A 적극적으로 행동하세요! 축구경기를 보러가도 반응이 아닌 행동을 하세요. 그러면 정말 자신이 즐기고 있다는 걸 발견할 것입니다. 반응으로 인한 긴장을 동반한 기쁨은 진정한 기쁨이 아닙니다. 반응이 멈추면 그 긴장도 사라지고, 그러면 당신은 정말로 인생을 즐기기 시작하게 될 겁니다.

Q 그럼 막 제자리에서 뛰고 소리 질러도 되나요?

A 물론이지요. 단 평정심을 갖고 하세요. 평정심을 유지하면서 뛰세요.

Q 우리 팀이 지면 어떻게 해요?

A 그러면 미소를 짓고 말하세요. "행복하기를!" 모든 상황에서 행복하세요!

Q 그게 저한테 정말 필요한 점인 거 같아요.

A 좋습니다!

두 개의
반지

나이 많은 한 부자가 두 아들을 남기고 세상을 떠났습니다. 얼마
동안 형제는 인도의 전통에 따라 한집에서 가족으로 살았습니
다. 그러다 다투게 되었고 모든 재산을 나누어 갖고 따로 살기로
결정했습니다. 그들은 모든 재산을 반으로 나눔으로써 모든 일
을 마무리 지었습니다. 그런데 그렇게 결정된 후에, 아버지가 조
심스럽게 숨겨둔 작은 꾸러미를 발견했습니다. 그 꾸러미 속에
는 반지 두 개가 들어있었는데, 하나는 값비싼 다이아몬드반지
였고, 다른 하나는 몇 루피밖에 하지 않는 흔한 은반지였습니다.

　형은 다이아몬드반지를 보고 욕심이 났습니다. 그래서 동생에
게 이렇게 말을 꺼냈습니다. "내가 보니, 이것은 아버지 형편에
살 수 있을만한 반지는 아닌 것 같고, 아마 조상들이 물려주신 가

보인 것 같구나. 그래서 이렇게 그분의 재산과는 따로 보관해 두신 거야. 대대로 간직해 온 물건이니, 앞으로도 대를 이어 물려줄 수 있도록 보전해야 해. 그러니 형인 내가 이것을 간직하마. 너는 그 은반지를 갖도록 해라."

동생은 미소 짓고는 대답했습니다. "좋습니다. 형님은 다이아몬드반지를 갖고 행복하게 사십시오. 저는 은반지를 가지고 행복하게 살 것입니다."

둘 다 자신의 반지를 손가락에 끼고 각자의 길을 떠났습니다. 동생은 속으로 생각했습니다. "아버지가 다이아몬드반지를 간직한 것은 쉽게 이해할 수 있어. 그건 귀한 물건이니까. 그렇지만 왜 이 흔한 은반지를 간직하셨을까?" 그는 반지를 이리저리 살펴보다가 어떤 글귀가 새겨져 있는 것을 발견했습니다. "이것 또한 변할 것이다." "아, 이것은 아버지가 항상 주문처럼 여기신 말이었어. '이것 또한 변할 것이다!'" 그는 반지를 손가락에 다시 꼈습니다.

두 형제 다 삶의 흥망성쇠를 겪었습니다. 봄이 오자, 형은 평정심을 잃고 매우 기뻐했습니다. 가을이나 겨울이 왔을 때, 그는 심각한 우울증에 빠졌습니다. 또 평정심을 잃은 것입니다. 그는 신경이 날카로워지고 고혈압에 시달리게 되었습니다. 밤에 잠을 이룰 수 없게 되자, 그는 수면제부터 안정제, 그다음은 더 강한 약물들을 복용하기 시작했습니다. 결국 그는 전기충격요법이 필요한 지경에 이르렀습니다. 이것이 다이아몬드반지를 가져간 형의 이야기입니다.

은반지를 가져간 동생은 봄이 오자 봄을 즐겼습니다. 그것을 피하려고 하지 않았습니다. 그는 봄을 즐기되, 반지를 보고 기억했습니다. '이것 또한 변할 것이다.' 그리고 변했을 때, 그는 미소 짓고 이렇게 말할 수 있었습니다. "뭐, 난 그것이 변할 것을 알고 있었지. 그것은 변했어. 그게 뭐 어떻단 말인가?" 가을이나 겨울이 왔을 때, 그는 또 반지를 보고 기억했습니다. '이것 또한 변할 것이다.' 그는 이것 또한 변화할 것임을 알고 울지 않았습니다. 그래 맞습니다. 그것은 또 변했지요. 사라졌습니다. 삶의 모든 흥망성쇠, 삶의 모든 변화에 대해서 그가 아는 것은 어떤 것도 영원하지 않다는 것, 태어난 것은 모두 죽는다는 것이었습니다. 그는 평정심을 잃지 않았고, 그래서 평화롭고 행복한 삶을 살았습니다. 이것이 은반지를 가져간 동생의 이야기입니다.

chapter 8

알아차림과 평정심

"끈기 있게 반복해서 지속적으로 명상하면,
마음이 과거와 현재의 반응으로부터 자유로워지고,
모든 고통으로부터 벗어나는 순간이 올 때까지
차츰 반응하는 정신적 습관은 부서지고
오래된 조건화들은 제거될 것입니다."

알아차림과 평정심, 이것이 위빳사나 명상입니다. 이 둘을 함께 훈련하면, 이것들은 당신을 고통에서 해탈로 이끌 것입니다. 하나가 더 약하거나 부족하면, 해탈을 향해 나아가는 것은 불가능합니다. 둘 다 필수적인 것입니다. 새가 날기 위해선 두 날개가 필요하고, 손수레가 움직이려면 두 바퀴가 필요한 것과 같습니다. 그리고 그 둘은 똑같이 강해야 합니다. 한 날개는 약하고 다른 날개는 강하다면, 그 새는 제대로 날 수 없습니다. 바퀴가 하나는 작고 다른 하나는 크다면, 그 손수레는 계속 원을 그리며 맴돌 것입니다. 위빳사나 명상가는 이 길에서 나아가기 위해 반드시 알아차림과 평정을 함께 계발해야 합니다.

우리는 몸과 마음에 대한 모든 것의 가장 미세한 본질까지 알아차릴 수 있어야 합니다. 이 목적을 위해서는 행동이나 생각과 같이, 몸과 마음의 겉으로 드러나는 것에 주의하는 것만으로 충분하지 않습니다. 우리는 몸 전체의 감각을 느낄 수 있는 알아차림을 계발하고 그 감각에 대한 평정을 유지해야 합니다.

알아차리고 있으나 평정심이 부족하다면, 감각을 알아차릴수록 그것에 대해 예민해지고 더욱 반응하게 됩니다. 따라서 고통은 증가하게 됩니다. 반대로 평정하지만 몸의 감각에 대해 아무것도 모른다면, 그 평정은 마음속 깊은 곳에서 무지의 상태로 계속 진행되는 반응을 숨기고 있는, 그저 겉으로 드러나는 것에 불과합니다. 그러므로 우리는 알아차림과 평정심을 가장 깊은 차원에서 계발하려고 합니다. 우리는 몸에서 일어나는 모든 일을 의식하고, 동시에 그것이 변하는 것임을 알고 반응하지 않도록 노력합니다.

자기 본성의 이해, 자기 내면 깊숙한 곳의 진리를 직접 경험함으로써 얻은 이해, 이것이 진정한 지혜입니다. 이것이 붓다가 **야타-부따-냐나-닷사나**_{yathā-bhūta-ñāna-dassana}라고 부른 것으로, 실제를 있는 그대로 관찰함으로써 깨닫는 지혜입니다. 이 지혜가 있다면 누구나 고통에서 벗어날 수 있습니다. 일어나는 모든 감각은 오직 무상에 대한 이해를 깊게 해줍니다. 모든 반응, 모든 갈망과 혐오의 상카라가 멈춥니다. 실제를 객관적으로 관찰하는 법을 배움으로써 더 이상 자신에게 고통을 불러일으키지 않습니다.

오래된 반응의 축적물들

알아차림과 평정의 상태를 유지하는 것은 새로운 반응, 새로운 고통의 원인이 일어나지 못하게 하는 방법입니다. 그러나 우리가 다루어야 할 고통의 또 다른 측면이 있습니다. 지금부터 반응하지 않으면 더 이상 고통의 원인을 만들어내지 않겠지만, 우리 각 개인은 과거에 쌓은 모든 반응의 총합, 조건화의 축적물들을 갖고 있습니다. 새로운 축적물을 더 보태지 않는다 해도, 겹겹이 쌓인 과거의 상카라들이 우리를 고통스럽게 합니다.

상카라sankhāra라는 단어는 '형성'으로 번역될 수 있는데, 이는 형성하는 행위와 형성된 것 둘 다를 의미합니다. 모든 반응은 일련의 정신작용의 결과로 마지막 단계이지만, 또한 새로운 정신작용의 원인이 되는 시작 단계가 될 수 있습니다. 모든 상카라는 그것으로 이끄는 과정에 의해 조건화되고, 그다음 과정을 조건화하기도 합니다.

조건화는 정신작용의 두 번째 과정인 지각에 영향을 끼칩니다 (Chapter 2에서 논의됨). 의식은 기본적으로 차별하거나 분별하지 않습니다. 의식이 하는 일은 다만 몸과 마음에 접촉이 발생했음을 아는 것입니다. 그러나 지각은 분별적입니다. 지각은 새로운 일이 일어나면 그것을 측정하고 분류하기 위해 과거 경험에 의지합니다. 과거의 반응들은 새로운 경험을 이해하기 위한 주요 참고자료가 됩니다. 과거 상카라에 따라 새로운 경험을 판단하고 분류하는 것입니다.

　이런 식으로 과거의 갈망과 혐오의 반응들이 현재 우리의 지각에 영향을 끼칩니다. 현실을 있는 그대로 보는 대신 '색안경을 통해' 보는 것입니다. 우리는 과거의 조건화, 선호, 편견 때문에 자신의 내면세계와 외부세계를 왜곡해서 지각합니다. 그 왜곡된 지각에 따라 원래는 중립적인 감각이 유쾌하거나 불쾌한 감각이 됩니다. 이 감각에 우리는 또 반응하면서 우리의 지각을 더욱 왜곡하는 새로운 조건화를 일으킵니다. 이런 식으로 각 반응은 다른 반응들을 일으킵니다. 그 반응들은 과거에 의해 결정되고 다가올 미래를 결정합니다.

　상카라의 이중적 기능은 인과의 사슬에 나와 있습니다(Chapter 4를 볼 것). 그 사슬에서 두 번째 고리가 상카라입니다. 이것은 정신작용의 네 가지 중 첫 과정인 의식이 일어나기 위한 직접적 필수조건입니다. 상카라는 또한 의식·지각·감각 다음에 오는 마지막 정신작용의 단계이기도 합니다. 이런 식으로 상카라는 인과의 사슬에서 감각 다음에 갈망과 혐오의 반응으로서 다시 나타납니다. 갈망이나 혐오는 집착이 되고, 그 집착은 새로운 정신적·물질적 행동을 위한 원동력이 됩니다. 그러므로 이 과정은 스스로 유지가 됩니다. 모든 상카라는 새로운 상카라를 낳는 사건들의 사슬을 만들어내고, 그로 인한 상카라들은 또 끝없는 사건들의 사슬들을 무수히 만들어냅니다. 악순환의 반복입니다. 우리가 반응할 때마다 반응하는 정신적 습관이 강해지게 됩니다. 갈망과 혐오를 키울 때마다 그것들을 계속 일으키는 성향이 강해집니다. 일단 정신적 습관이 생기면 그것에 얽매이게 됩니다.

예를 들어, 갑은 을이 원하는 물건을 얻지 못하게 합니다. 을은 갑이 나쁜 사람이라 믿고 그를 미워합니다. 이 믿음은 갑의 인격에 대해 심사숙고한 결과가 아니라, 그가 을이 원하는 것을 하지 못하게 했다는 단 한 가지 사실에 의한 것입니다. 갑과 관련된 모든 일은 그런 믿음에 근거해 받아들이게 되고 불쾌한 감각이 일어나게 됩니다. 이는 새로운 혐오감을 일으키고, 이는 그 믿음을 더욱 강하게 합니다. 20년이 지나 두 사람이 만난다 해도, 을은 바로 갑이 나쁜 사람이라고 생각하고 싫어합니다. 갑의 성격은 20년 사이에 달라졌을 수도 있습니다. 그러나 을은 과거 경험의 잣대로 그를 판단합니다. 그 반응은 갑이라는 사람 그 자체가 아니라 처음 일으킨 맹목적인 반응을 바탕으로 한 믿음에 대한 것이며, 그러므로 편견에 가득 찬 것입니다.

다른 경우를 예로 들어봅시다. 갑은 을이 원하는 것을 가질 수 있도록 도와줍니다. 도움을 받은 을은 갑이 착한 사람이라고 생각하고 그를 좋아합니다. 그 믿음은 갑이 을이 원하는 것을 가질 수 있게 도와줬다는 사실에만 근거한 것이지, 갑이라는 사람 자체에 대해 깊이 생각해 보고 내린 결론이 아닙니다. 그 긍정적인 믿음이 을의 무의식에 각인되고, 갑과 만날 때마다 유쾌한 감각을 일으킴니다. 이는 을로 하여금 갑을 더 좋아하게 하고, 그 믿음을 강하게 합니다. 두 사람이 아무리 오랫동안 만나지 못했더라도, 다시 만나면 똑같은 패턴이 자동적으로 반복됩니다. 을은 갑이란 사람 자체가 아니라 처음의 맹목적인 믿음에 근거해 갑에 대한 자신의 믿음에 반응하고 있을 뿐입니다.

이런 식으로 상카라는 현재에도, 미래에도 새로운 반응을 일으킬 수 있습니다. 모든 이어진 반응은 더 많은 반응을 일으키고, 그것들은 오직 고통만을 낳게 됩니다. 이것이 반응이 반복되는 과정, 고통이 반복되는 과정입니다. 우리는 실제로 감각에 반응하고 있을 때, 스스로 외부의 현실을 대하고 있다고 생각합니다. 그 감각은 우리의 지각에 의해 조건화되고, 우리의 반응에 의해 조건화된 것입니다. 이 순간부터 우리가 새로운 상카라를 만들지 않는다고 해도, 과거에 쌓인 상카라들을 생각해 봐야 합니다. 이 오래된 축적물 때문에 반응하는 습관은 남아있을 것이고, 이것들은 언제라도 다시 튀어 올라와 새로운 고통을 만들어낼 것입니다. 이 오래된 조건화가 존재하는 한, 고통으로부터 완전히 자유로울 수 없습니다.

어떻게 해야 오래된 반응들을 제거할 수 있습니까? 그 답을 찾으려면 위빳사나 명상의 과정을 더 깊이 이해해야 합니다.

오래된 조건화의 제거

위빳사나 명상을 할 때, 우리가 해야 할 일은 그저 온몸의 감각을 관찰하는 것입니다. 어떤 감각이 왜 일어났는지 그 원인은 우리가 신경 쓸 일이 아닙니다. 모든 감각이 내면에서 일어나는 변화의 증거임을 이해하는 것으로 충분합니다. 그 변화의 원인이 정신적인 것일 수도, 육체적인 것일 수도 있습니다. 마음과 몸은 상호작용하기 때문에 분리하는 것은 거의 불가능합니다. 한쪽에서 일어나는 일은 대개 다른 한쪽에도 반영됩니다.

Chapter 2에서 이야기한 것처럼, 육체적 차원에서 몸은 아원자 입자, 즉 깔라빠kalāpa로 이루어져 있습니다. 이 입자들은 매 순간 엄청난 속도로 나타났다 사라지면서 셀 수 없이 많고 다양한 조합을 이루고, 이것은 물질의 기본적 성질인 뭉침·결합·열·움직임 등으로 나타나서 우리 안에 온갖 종류의 감각을 만들어냅니다.

깔라빠가 일어나는 데는 네 가지 원인이 있을 수 있습니다. 첫째는 우리가 먹는 음식이고, 둘째는 우리 삶의 주변환경입니다. 그러나 마음에서 일어나는 모든 것은 몸에 영향을 끼치므로 깔라빠의 원인이 될 수 있습니다. 따라서 깔라빠는 현재의 정신적 반응 때문에 일어날 수도 있고, 현재 정신 상태에 영향을 끼치는 과거의 반응 때문에 일어날 수도 있습니다. 몸이 활동하기 위해서는 음식이 필요합니다. 그러나 음식을 먹지 않는다고 바로 건강이 쇠약해지지는 않습니다. 음식 없이도 몸은 활동할 수 있으며, 경우에 따라 세포에 저장된 에너지를 사용해 몇 주를 견딜 수도 있습니다. 저장된 에너지를 모두 써버리고 나면 몸은 매우 약해져 죽게 됩니다. 물질적 흐름이 끝난 것입니다.

이처럼 마음도 의식의 흐름을 유지하기 위해 활동을 해야 합니다. 이 정신적 활동이 상카라입니다. 인과의 사슬에 따라 의식은 반응으로부터 생겨납니다(Chapter 4를 볼 것). 각 정신적 반응은 의식의 흐름에 자극을 줍니다. 몸은 하루에 몇 번만 음식을 섭취하면 되는 반면, 마음은 새로운 자극이 계속해서 필요합니다. 그것 없이는 의식의 흐름이 단 한순간도 지속될 수 없습니다. 예를 들어, 누군가 어느 순간 마음에서 혐오를 일으킵니다. 그다음 순간 이 혐오의 산물로서 의식이 생겨납니다. 이런 식으로 매 순간 계속 지속되는 것입니다. 그 사람은 한순간에서 그다음 순간으로 혐오의 반응을 반복하면서 마음에 새로운 에너지를 줍니다.

그러나 위빳사나 명상을 하면서 사람들은 반응하지 않는 법을 배웁니다. 명상하는 동안, 위빳사나 명상가는 상카라를 일으키지 않습니다. 그는 마음에 새로운 자극을 주지 않습니다. 그러면 정신적 흐름에는 무슨 일이 생길까요? 그것은 단번에 멈추지는 않습니다. 대신 그 정신적 흐름을 유지하기 위해서 쌓여있던 과거의 반응들이 하나둘 마음의 표면으로 떠오릅니다. 과거의 조건화된 반응들이 올라오고, 그다음 순간에도 이것 덕분에 기본적 의식이 유지됩니다. 조건화가 특정한 유형의 깔라빠를 일으킴으로써 몸에 나타납니다. 그러면 위빳사나 명상가는 이를 몸에서 감각으로 경험하게 됩니다. 과거에 쌓은 혐오의 상카라가 아원자입자로 나타나 이것을 불타는 듯한 불쾌한 감각으로 경험할 수도 있습니다. 만약 그가 그 감각을 싫어하면 새로운 혐오감이 생깁니다. 그는 의식의 흐름에 새로운 에너지를 주기 시작한 것이며, 그러면 과거에 쌓은 반응의 축적물들이 의식의 표면으로 떠오를 기회가 없어집니다.

그러나 불쾌한 감각이 일어나도 그가 반응하지 않는다면, 새로운 상카라는 일어나지 않습니다. 과거의 축적물에서 올라온 상카라는 사라집니다. 그다음 순간, 또 다른 과거의 상카라가 감각으로 나타납니다. 이번에도 그가 반응하지 않으면, 그것은 사라집니다. 이런 식으로 평정을 유지함으로써 우리는 과거에 쌓은 반응의 축적물들이 마음의 표면으로 차례로 올라와 감각으로 나타날 수 있도록 합니다. 감각에 대한 알아차림과 평정을 유지함으로써 우리는 점차 과거의 조건화를 제거합니다.

혐오의 조건화가 남아있는 한, 삶 속에서 어떤 불쾌한 경험을 겪을 때 무의식적 마음의 경향은 혐오감을 일으키며 반응할 것입니다. 갈망의 무의식적 반응이 남아있는 한, 유쾌한 상황에 놓일 때마다 마음은 갈망을 일으키며 반응할 것입니다. 위빳사나는 이런 조건화된 반응들을 서서히 없애는 원리로 작용합니다. 위빳사나 명상을 하면서 우리는 계속 유쾌하거나 불쾌한 감각을 마주하게 됩니다. 평정을 유지하면서 모든 감각을 관찰하고, 우리는 점차 갈망과 혐오의 성향들을 약화시키고 무너뜨립니다. 특정한 종류의 조건화된 반응이 제거되면, 그런 종류의 고통으로부터 벗어난 것입니다. 그리고 모든 조건화된 반응이 차례대로 제거되면 마음은 완전히 자유로워집니다. 이 과정을 잘 이해했던 붓다는 이와 같이 말했습니다.

일어나고 사라지는 성질을 갖고 있으므로,

조건화된 것들은 진정 무상하다.

그것들이 일어나고 사라진다면,

그것들의 소멸은 진정한 행복을 가져온다.*

각 상카라는 오직 다음 순간에 일어나기 위해서 일어나고 사라지기를 무한히 반복합니다. 우리가 지혜를 기르고 객관적으로 관찰하기 시작한다면, 그 반복의 과정은 멈추고 제거의 과정이 시작됩니다. 우리가 반응하지 않으면 한 겹 한 겹, 오래된 상카라들이 올라와 제거됩니다. 우리는 상카라가 제거된 만큼 행복해지고 고통으로부터 자유로워집니다. 모든 과거의 상카라가 제거되면 완전한 자유의 무한한 행복을 누리게 됩니다.

그러므로 위빳사나 명상은 과거의 조건화를 제거하는 일종의 마

• 《디가 니까야》 16, 〈마하-빠리닙바나 숫딴따Mahā-Parinibbāna Suttanta〉. 이 구절은 붓다의 죽음 이후 신들의 제왕인 삭까Sakka가 말한 것이다. 다른 곳에서는 조금 다른 형태로 나타난다. 예를 들어,《상윳따 니까야》I. ii. 1, 〈난다나 숫따Nandana Sutta〉 그리고《상윳따 니까야》IX. 6, 〈아누룻다 숫따Anuruddha Sutta〉를 참고하시오.

음의 단식입니다. 우리는 살면서 매 순간 반응해 왔습니다. 이제 알아차림과 평정심으로, 반응하지 않고 상카라를 만들어내지 않는 몇몇 순간을 성취했습니다. 그 몇 순간이 아무리 짧다 하더라도 그 것은 매우 강력해서 거꾸로 가는 과정인 정화의 과정을 가동시킵 니다.

이 과정이 일어나도록 하기 위해서 우리는 말 그대로 아무것도 해선 안 됩니다. 이 말은 어떤 새로운 반응도 일어나지 않게 해야 한다는 뜻입니다. 우리가 경험하는 감각의 원인이 무엇이든 평정 심을 가지고 바라봅니다. 불을 켜서 방의 어둠을 쫓아내듯이, 알아 차림과 평정심을 일으키는 바로 그 행위로 인해서 자동적으로 오 래된 반응들이 제거될 것입니다.

붓다가 한번은 기부를 아주 많이 한 사람에 대한 이야기를 들려 주었습니다. 그러나 이야기를 마무리하면서 이와 같이 덧붙였습 니다.

> 그가 가장 훌륭한 자선을 베풀었다고 하더라도, 깨달은 자에게, 담마 에, 그리고 모든 성스러운 사람에게 성심껏 귀의했더라면 그에게 훨 씬 더 유익했을 것이다. 그리고 그렇게 했다 하더라도, 다섯 가지 계 율을 성심껏 지켰더라면 그에게 더 유익했을 것이다. 그리고 그렇게 했다 하더라도, 젖소의 우유를 짜는 시간만큼이라도 모든 존재를 위 해 선의를 계발했더라면 그에게 더 유익했을 것이다. 그리고 그가 이

모든 것을 했다 하더라도, 두 손가락을 튕겨 "탁" 소리를 낼 만큼의 시간이라도 알아차림과 평정을 계발했더라면 그에게 더 유익했을 것이다.*

위빳사나 명상가는 몸에서 느껴지는 감각의 실제를 아주 짧은 순간만 알아차릴지라도 감각의 변화하는 본성을 이해하기 때문에 반응하지 않습니다. 짧은 순간이라도 그것은 강력합니다. 끈기 있게 반복해서 지속적으로 명상하면, 그 짧은 평정의 순간들은 길어지고 반응의 순간들은 짧아질 것입니다. 마음이 과거와 현재의 반응으로부터 자유로워지고 모든 고통으로부터 벗어나는 순간이 올 때까지 차츰 반응하는 정신적 습관은 부서지고 오래된 조건화들은 제거되어 갈 것입니다.

질문과 고엔카 선생님의 답변

Q 오늘 오후 움직이지 않고 오랫동안 앉을 수 있는 자세로 앉아보았습니다. 등을 똑바로 하고요. 그러나 감각을 많이 느끼지 못했어요. 감각이 다시 돌아올까요? 아니면 이전 자세를 해야 하나요?

---

* 《앙굿따라 니까야》 IX. ii. 10 (20), 〈웨라마 숫따Velāma Sutta〉.

A 일부러 불편한 자세로 앉아서 감각을 만들어내려고 하지 마십시오. 그렇게 하는 게 옳다면, 못을 박은 방석 위에 앉으라고 했겠지요! 그런 극단적 방법은 도움이 안 됩니다. 척추를 바로 세울 수 있는 편안한 자세를 취하세요. 그리고 감각이 자연히 일어나도록 하세요. 억지로 감각을 일으키려고 애쓰지 마십시오. 그냥 일어나게 내버려두십시오. 감각은 일어날 겁니다. 감각은 거기 존재하기 때문입니다. 당신이 예전에 느꼈던 감각들을 찾고 있기 때문에 그런 것일 수 있어요. 그러나 다른 종류의 감각이 일어나고 있을 것입니다.

Q 이전보다 더 미세한 감각이 느껴졌어요. 처음 자세로 앉았을 때는 잠시라도 움직이지 않고 앉아있기가 정말 어려웠습니다.

A 그렇다면 더 적절한 자세를 찾은 것이니 좋은 일입니다. 이제 감각이 일어나는 것에 관해서는 자연에게 맡기십시오. 거친 감각들이 사라지고 이제 미세한 감각들을 관찰해야 하지만, 당신의 마음이 그것을 느낄 만큼 예민하지 못할 수도 있습니다. 마음을 더 예민하게 만들려면 잠시 호흡을 알아차리도록 하세요. 이렇게 하면 집중력이 나아져 미세한 감각들을 쉽게 느낄 수 있을 겁니다.

Q 저는 감각이 거칠수록 좋다고 생각했어요. 오래된 상카라가 올라온다

는 뜻이잖아요.

A 꼭 그런 것은 아닙니다. 어떤 불순물은 아주 미세한 감각으로 나타나기도 합니다. 왜 거친 감각을 갈망하나요? 거친 감각이든 미세한 감각이든, 어떤 감각이 일어나더라도 당신의 할 일은 그저 관찰하는 것입니다.

Q 어떤 감각이 어떤 반응과 관련되어 있는지 알아야 하나요?

A 그건 쓸데없이 힘을 낭비하는 일이 될 것입니다. 더러운 옷을 빨다가 말고 각 얼룩이 왜 생겼는지 확인하는 것과 같습니다. 이렇게 하는 것은 그의 본래 일인 옷을 깨끗이 빠는 데 도움이 안 될 것입니다. 옷을 빨 때 중요한 것은 빨래비누를 적절한 방법으로 사용하는 것입니다. 옷을 제대로 빨면 모든 때는 제거됩니다. 마찬가지로 당신은 위빳사나라는 비누를 받았습니다. 이제 그것을 최대한 이용해서 마음의 모든 불순물을 제거하십시오. 어떤 감각의 원인을 찾는다면, 당신은 지적인 게임을 즐기고 있는 것입니다. 그리고 아닛짜anicca와 아낫따anattā는 까맣게 잊게 됩니다. 이런 지적인 분석은 고통에서 벗어나는 데 도움이 안 됩니다.

Q 저는 누가 관찰하고 있고, 누가 또는 무엇이 관찰되고 있는지 혼란스럽습니다.

A 어떤 지적인 대답을 해줘도 당신은 만족하지 않을 것입니다. 당신이 직접 탐구해야 합니다. "이 모든 행동을 하는 이 '나'라고 하는 것은 무엇인가? 이 '나'는 누구인가?" 계속 탐구하고 분석하십시오. 어떤 '나'가 나타나는지 보십시오. 만약 나타나면 그것을 관찰하십시오. 만약 아무것도 안 나타나면 "아, 이 '나'라는 것은 환상이구나!" 하고 받아들이세요.

Q 어떤 유형의 정신적 조건화는 긍정적이지 않요? 왜 그것들도 제거하려 하나요?

A 긍정적 조건화는 우리가 고통에서 벗어나 자유를 향해 수행하도록 동기를 부여합니다. 그러나 그 목표가 이루어지면, 그것이 긍정적이든 부정적이든 모든 조건화를 내려놓습니다. 이것은 마치 강을 건널 때 뗏목을 사용하는 것과 같습니다. 일단 강을 건넜으면 뗏목을 머리에 이고 다니면서 여행하지는 않지요. 뗏목은 제 역할을 다했습니다. 이제 더 이상 필요 없으니 놓고 가야지요.* 마찬가지입니다. 완전히 해탈했다면 조건화는 필요가 없습니다. 누군가 해탈했다면, 그것은 긍정적인 조건화 때문이 아니라 마음의 순수함 때문입니다.

• 유명한 뗏목의 비유는 《맛지마 니까야》 22, 〈알라갓두빠마 숫따Alagaddūpama Sutta〉에서 가지고 왔다.

Q 왜 위빳사나 명상을 시작할 때 불쾌한 감각을 먼저 경험하고 유쾌한
　감각을 나중에 경험하나요?

A 위빳사나는 가장 거친 불순물부터 제거합니다. 바닥을 쓸 때
　모든 잡동사니와 쓰레기부터 치우고, 그다음에 더 작고 미세한
　부스러기들을 쓸어냅니다. 위빳사나 명상도 마찬가지입니다.
　일단 마음속 거친 불순물들이 제거되면 미세한 불순물들이 남
　아 유쾌한 감각으로 나타납니다. 그러나 이런 유쾌한 감각들에
　대한 갈망을 키울 위험이 있습니다. 그러니 유쾌한 감각이 최
　종 목표라고 여기지 않도록 주의하십시오. 모든 조건화된 반응
　을 제거하려면 모든 감각을 객관적으로 관찰해야 합니다.

Q 선생님께서는 저희에게 더러운 옷이 있고 그것을 빨기 위한 비누도 있
　다고 하셨습니다. 저는 오늘 비누가 다 떨어진 것처럼 느꼈어요! 오늘
　아침 제 명상은 아주 강력했습니다. 그런데 오후가 되니 정말 절망스
　럽고 화가 나서 "이게 다 무슨 소용이야!"라고 생각했습니다. 그건 마
　치 명상이 강력해서 제 안의 적(아마 에고겠죠?)이 그 명상의 힘과 싸워
　서 저를 쓰러뜨린 것 같았습니다. 그리고 제가 그 적에 대항해 싸울 힘
　이 없다고 느껴졌어요. 그렇게 힘들게 싸우지 않아도 되도록 잠시 피
　할 수 있는 방법, 좀 좋은 방법이 없나요?

A 평정을 유지하세요. 그게 가장 현명한 방법입니다! 당신의 경
　험은 아주 자연스러운 것입니다. 명상이 잘 되는 것처럼 보일

때, 당신의 마음은 평정한 상태였습니다. 그래서 무의식 속으로 깊이 꿰뚫고 들어간 것입니다. 그 심도 깊은 수술의 결과, 과거의 반응이 깨어나 마음의 표면으로 떠올랐습니다. 그다음 명상을 할 때 당신은 그 부정성의 폭풍을 마주해야 했던 겁니다. 그런 상황에서 평정심은 꼭 필요한 것입니다. 그것이 없으면 부정성이 당신을 압도할 것이고, 그러면 당신은 정화의 작업을 할 수 없습니다. 평정심이 약해지면 호흡 알아차리기로 돌아가세요. 큰 폭풍이 몰아치면 닻을 내리고 폭풍이 지나갈 때까지 기다려야 합니다. 호흡이 당신의 닻입니다. 호흡을 알아차리고 있으면 그 폭풍은 지나갈 겁니다. 이 부정성이 표면으로 올라온 것은 좋은 일입니다. 이제 그것을 제거할 기회가 온 것입니다. 평정심을 유지하면 그것은 쉽게 사라질 것입니다.

Q 통증이 안 느껴지면 명상하면서 그만큼 유익함을 얻고 있다는 뜻인가요?

A 예민하게 알아차리고 있고 마음이 평정하다면, 통증이 있든 없든 당신은 확실히 발전하고 있는 것입니다. 이 길에서 발전하기 위해 통증을 느껴야 하는 것은 아닙니다. 아프지 않으면 통증이 없다는 사실을 그대로 받아들이십시오. 있는 그대로를 관찰하기만 하세요.

Q 어제 제 몸 전체가 용해되는 것과 같은 경험을 했습니다. 온몸에 진동이 일어나는 것 같은 느낌이었어요.

A 그리고요?

Q 그리고 이게 일어났을 때, 제가 어렸을 때 비슷한 경험을 한 적이 있었다는 사실이 기억났습니다. 이때까지 전, 그 경험을 다시 할 수 있는 방법을 찾고 있었어요. 그런데 그게 또 일어난 겁니다.

A 계속 말해보세요.

Q 그러니까 당연히 이 경험이 지속되길 바랐어요. 그 시간을 늘리고 싶었어요. 그렇지만 그것은 변했고 사라졌습니다. 그러고 나서 그것을 다시 경험하기 위해 명상을 했어요. 하지만 소용이 없었습니다. 대신에 오늘 아침 거친 감각만을 느꼈어요.

A 그리고요?

Q 그러고 나서 그 경험을 다시 하려고 제가 얼마나 저 자신을 불행하게 만들고 있었는지 깨달았어요.

A 그리고요?

Q 전 또 저희가 어떤 특정한 경험을 하러 여기 있는 게 아니라는 사실도 깨달았어요. 맞죠?

A 맞습니다.

Q 저희는 여기 아무 반응도 하지 않고 모든 경험을 관찰하는 법을 배우러 온 거죠, 그렇죠?
A 그렇습니다.

Q 그러니까 이 명상의 진짜 목적은 평정심을 계발하는 것이죠, 맞죠?
A 맞습니다!

Q 모든 과거의 상카라를 제거한다는 게 끝이 없을 것처럼 보여요.
A 한순간의 평정심이 과거의 상카라 중에서 정확히 한 개만 제거하는 식이라면 그렇겠지요. 그러나 사실, 감각의 알아차림은 당신을 마음의 가장 깊은 차원으로 데려가 과거 조건화의 뿌리를 제거하도록 합니다. 이런 식으로 비교적 짧은 시간에 얽히고설킨 모든 상카라 덩어리를 제거할 수 있습니다. 단 당신의 알아차림과 평정심이 강해야 합니다.

Q 그러면 그게 얼마나 걸릴까요?
A 그것은 당신이 제거해야 할 상카라가 얼마나 많이 쌓여있는지, 당신의 명상의 힘이 얼마나 강한지에 달려있습니다. 과거의 축적물이 얼마나 많이 있는지는 측정할 수 없습니다. 그러나 진

지하게 명상할수록 더 빨리 해탈에 가까워진다는 것은 확신해도 좋습니다. 그 목표를 향해 한 치의 흔들림도 없이 꾸준히 노력하십시오. 때가 되면 조만간이든 나중에든, 그 순간은 오게되어있습니다.

오직
볼 뿐

옛날 지금의 뭄바이가 있는 곳에 한 수도승이 살았습니다. 아주 성스러운 사람이었지요. 그를 만난 모든 사람이 그의 청정한 마음을 우러러보았고, 많은 이가 그가 완전히 해탈한 것이 틀림없다고 주장했습니다. 그렇게 자신에 대한 훌륭한 칭찬을 듣자, 자연히 이 사람은 궁금해졌습니다. "내가 정말 깨달음을 얻었나보군." 그러나 그는 정직한 사람이었습니다. 그는 자신을 조심스럽게 시험해 보았고, 여전히 마음속에 불순함의 흔적들이 있음을 발견했습니다. 불순함이 남아있는 한, 완전한 성인의 경지에 도달할 수 없었습니다. 그래서 그는 자신에게 존경을 표하러 온 사람들에게 물었습니다. "오늘날 이 세상에 완전히 해탈했다고 하는 또 다른 사람은 없습니까?"

"아, 있고말고요." 그들은 대답했습니다. "고따마라는 분이 있는데, 그분은 붓다라고 불립니다. 그분은 사왓띠 Sāvatti라는 도시에 살고 계십니다. 그분은 완전히 해탈했고 해탈을 이룰 수 있는 방법을 사람들에게 가르치고 계십니다."

"나는 반드시 이 사람을 만나러 가야 한다." 이 수도승은 굳게 결심했습니다. '그에게 완전히 해탈하는 법을 꼭 배워야 한다.' 그래서 그는 뭄바이에서 걷기 시작해 인도의 중심부를 가로질러, 이윽고 사왓띠에 도착했습니다. 이곳은 오늘날 인도 북부지방의 우타르 프라데쉬라는 곳입니다. 사왓띠에 도착한 그는 붓다의 명상센터를 찾아가 어디에서 붓다를 만날 수 있는지 물어보았습니다.

"나가셨는데요." 한 스님이 대답했습니다. "공양을 하러 나가셨습니다. 여기서 기다리면서 여독을 풀고 계세요. 곧 돌아오실 겁니다."

"오, 안 됩니다. 전 기다릴 수 없어요. 제겐 기다릴 시간이 없어요! 어디로 가셨는지 그 길을 알려주십시오. 제가 가보겠습니다."

"정 그러시다면야 어쩔 수 없지요. 저 길로 가셨습니다. 저 길을 따라가면 붓다를 만나실 수 있을 것입니다." 잠시도 지체하지 않고 수도자는 다시 길을 떠나 도시 한복판에 도착했습니다. 그곳에서 음식을 동냥하러 이집 저집을 다니는 수행자를 보았습니다. 이 사람을 감싸고 있는 평화와 조화의 훌륭한 기운을 보고, 수도자는 그가 붓다임이 틀림없다고 확신했고 지나가는 사람에게 물어보니 정말 그가 맞았습니다.

길 한가운데서 그는 붓다에게 다가가 절을 하고 붓다의 발에 매달렸습니다. "스승님." 그가 말했습니다. "당신은 완전히 해탈하셨고, 해탈을 이루는 방법을 가르치신다고 들었습니다. 제발 그 방법을 알려주십시오."

붓다는 말했습니다. "맞습니다. 나는 그런 방법을 가르치고 있고, 당신에게도 가르쳐주겠습니다. 그러나 때와 장소가 적절하지 않군요. 명상센터에 가서 나를 기다리세요. 금방 돌아와 그 방법을 가르쳐주겠습니다."

"오, 안 됩니다. 스승님, 저는 기다릴 수 없습니다."

"아니, 30분도 기다릴 수 없나요?"

"안 됩니다, 스승님, 전 기다릴 수가 없어요! 누가 압니까? 30분 안에 제가 죽을 수도 있고, 그 안에 스승님도 돌아가실 수 있지요. 그러면 제가 이 방법을 못 배우게 되지 않습니까. 지금이 그때입니다, 스승님. 제발 지금 가르쳐주십시오!"

붓다는 그를 보고는 이해했습니다. '그렇다. 이 사람은 곧 죽을 것이다. 그의 생은 몇 분밖에 남지 않았구나. 그는 지금 여기서 담마를 배워야 한다.' 길 위에서 어떻게 담마를 가르치겠습니까?

붓다는 많은 말을 하지 않았지만, 그 말에는 모든 가르침이 함축되어 있었습니다. "볼 때는 봄만이 있고, 들을 때는 들음만 있다. 냄새를 맡을 때, 맛을 볼 때, 만질 때는 단지 냄새를 맡음, 맛을 봄, 만짐만 있다. 인식할 때는 오직 인식만 있다." 감각을 경험하는 여섯 기관 중 어떤 것이라도 접촉이 일어날 때 어떤 평가도, 조건화된 지각도 없어야 됩니다. 일단 지각이 경험을 좋다 나쁘다로 평가하기 시작하면, 그 사람은 오래된 맹목적 반응들 때문에 세상을 왜곡해서 보게 됩니다. 모든 조건화로부터 마음을 자유롭게 하려면, 과거의 반응을 바탕으로 평가하는 것을 멈추는 법과 평가와 반응을 하지 않고 알아차리는 법을 배워야 합니다.

이 수도자는 마음이 매우 순수한 상태였으므로 이런 짧은 설명만으로도 그에게는 충분했습니다. 그는 길의 가장자리에 앉아 몸의 실제에 주의를 집중했습니다. 평가하지 않고 반응하지 않고, 그는 자신 내부의 변화의 과정을 그저 관찰했습니다. 그리고 죽기 전 몇 분 안에 궁극적 목적을 이루어 완전히 해탈했습니다.*

• 〈우다나Udāna〉, I. x, 바히야 다루찌리야Bāhiya Dāruciriya의 이야기. 〈우다나〉는 우리나라에서 〈자설경〉으로 알려져 있으며, 질문하는 사람 없이 붓다가 혼자 스스로 이야기를 하는 구성으로 이루어져 있다. 《담마빠다 주석서Dhammapada Commentary》, VIII. 2 (구절 101)을 찾아볼 것.

chapter 9

목표

"갈망과 혐오가 없다는 것이 자신의 해탈을 즐기면서
다른 사람의 고통에는 신경 쓰지 않는 냉정한 무관심을 의미하지는 않습니다.
오히려 진정한 평정심을 제대로 표현하면
'신성한 무관심'입니다.
그것은 순수한 마음의 적극적인 표현이며 성질입니다."

"일어남의 성질을 가진 것은 무엇이든지 소멸함의 성질을 가지고 있다."* 이 실제의 경험이 붓다의 가르침의 핵심입니다. 몸과 마음은 끊임없이 일어나고 사라지는 과정들을 뭉친 한 덩어리에 불과합니다. 우리의 고통은 사실은 덧없고 본질이 없는 그 과정들에 집착심을 키울 때 일어납니다. 만약 우리가 이 과정들의 무상한 본성을 직접 깨달을 수 있다면, 그것들에 대한 우리의 집착심은 사라질 겁니다. 항상 변화하는 몸의 감각을 관찰함으로써 자신의 무상한 성질을 이해하는 것, 이것이 위빳사나 명상가들이 해야 하는 일입니다. 감각이 일어날 때마다 그들은 반응하지 않고 일어나도록 내

---

* 《상윳따 니까야》 LVI (XII). ii. 1, 〈담마-짝깝빠왓따나 숫따Dhamma-cakkappavattana Sutta〉. 이 문구는 맨 처음 담마를 깨달았던 가장 초기의 제자들이 성취한 지혜를 설명하는 데 사용되곤 했었다.

버려두어 사라지게 합니다. 그렇게 함으로써 그들은 오래된 마음의 조건화가 표면으로 떠오르게 하여 사라지게 합니다. 조건화와 집착이 일어나지 않으면 고통이 일어나지 않고, 우리는 해탈을 경험하게 됩니다. 이는 꾸준한 수행을 해야 이룰 수 있는 긴 작업입니다. 이 길을 따라서 걷는 모든 걸음마다 유익함이 생기지만, 그러기 위해서는 지속적으로 노력해야 합니다. 끈기를 가지고 지속적으로 계속 수행함으로써 명상가는 목표를 향해 전진할 수 있습니다.

궁극적 진리의 통찰

이 길을 걷는 이에게는 세 가지 발전 단계가 있습니다. 첫째 단계는 단순히 이 명상법을 어떻게 수행하는 것인지, 왜 그런 것인지 배우는 것입니다. 둘째 단계는 그것을 실제로 수행하는 것입니다. 셋째 단계는 통찰입니다. 자신의 실제를 깊은 수준까지 뚫고 들어가기 위해 그 명상법을 이용하고, 그로 인해 최종 목적지를 향해 전진하는 것입니다.

붓다는 겉으로 보이는 세상, 즉 자기 자신이나 다른 이의 모양, 형태, 색깔, 맛, 냄새, 통증, 기쁨, 생각과 감정의 존재를 부정하지 않았습니다. 그는 단지 이것이 궁극적 실제가 아니라고 말했습니다. 일반적인 시각으로, 우리는 미세한 현상들이 큰 형태로 조직화된 모습을 단지 알아차립니다.

그 형태만을 보고 그 속의 성질은 파악하지 못하므로, 일차적으로 우리는 그 형태들의 차이만 알아차립니다. 그래서 우리는 구별하고 이름을 붙입니다. 편애와 선입견이 생기고 좋고 싫고를 따지기 시작합니다. 이것이 갈망과 혐오로 발전하는 과정입니다.

갈망과 혐오의 습관에서 벗어나기 위해서는 전체적 시각을 가져야 할 뿐 아니라, 깊이 꿰뚫어볼 줄 알고, 겉으로 보이는 실제를 구성하는 그 속의 현상을 지각할 줄 알아야 합니다. 위빳사나 명상은 바로 이것을 성취하게 합니다.

모든 자기탐구는 자연히 가장 평범한 부분에서부터 시작되는데, 몸의 여러 부위, 팔다리와 장기 순으로 진행됩니다. 더 깊이 탐구하다 보면, 몸의 어떤 부분은 단단하고, 어떤 부분은 물 같고, 또 어떤 부위는 움직이고 있거나 쉬고 있음을 알게 됩니다. 이 모든 관찰은 자신을 더 깊이 알아차리는 데 도움이 될 수는 있지만, 여전히 통합된 모양이나 형태 안에서 겉으로 보이는 실제를 탐구한 것에 지나지 않습니다. 그래서 아직 구별, 편애, 편견, 갈망과 혐오는 남아있습니다.

명상가로서 우리는 몸에서 일어나는 감각을 알아차리는 훈련을 통해 더 나아갑니다. 이것은 그 전에는 느끼지 못했던 미세한 실제를 겹겹이 드러내줍니다. 처음에 우리는 몸의 여러 부분에서 일어나는 다양한 감각을 알아차리고, 일어났다가 잠시 머물고 결국 사라지는 것처럼 보이는 감각들을 알아차리게 됩니다. 피상적인 수준에서 벗어났지만, 우리는 여전히 겉으로 보이는 실제의 통합된 형태를 관찰하고 있을 뿐입니다. 그러므로 우리는 아직 구별, 갈망, 혐오로부터 자유롭지 않습니다.

우리가 부지런히 지속적으로 수행하면, 조만간 감각의 성질이 변화하는 단계에 도달할 것입니다. 이제 우리는 엄청난 속도로 나타났다가 사라지는 단일하고 미세한 감각을 온몸에서 느낄 수 있는 단계를 맞게 됩니다. 이 경험을 통해 통합된 형태를 이루고 있던 상태를 꿰뚫음으로써 이 세상에 모든 물질을 구성하는 아원자입자의 기본 현상을 체험하는 단계를 맞게 됩니다. 우리는 계속해서 일어났다가 사라지는 이 아원자입자들의 덧없는 성질을 직접 경험합니다. 이제 피 혹은 뼈·고체·액체·기체의 성질을 지니든, 추하든 아름답든, 우리 몸에서 관찰하는 것은 무엇이든, 모두가 똑같은 진동의 덩어리임을 인식합니다. 마침내 구별하고 이름을 붙이는 과정이 끝납니다. 우리는 우리의 몸이라는 틀 내에서 물질에 대한 궁극적 진리, 즉 우리의 몸은 일어났다 사라지는 끊임없는 흐름이라는 것을 경험합니다.

이처럼 겉으로 보이는 정신적 작용의 실제도 미세한 차원으로 꿰뚫고 들어갈 수 있습니다. 가령 어떤 사람이 과거의 조건화 때문에 좋거나 싫은 마음이 순간 일어났다고 합시다. 그다음 순간 마음은 좋아하거나 싫어하는 반응을 반복하고, 그것이 갈망이나 혐오로 자랄 때까지 매 순간 점점 강하게 반복합니다. 우리는 그 강화된 반응만 인식합니다. 이 피상적 인식을 가지고 우리는 유쾌함과 불쾌함, 좋음과 나쁨, 원하는 것과 원하지 않는 것을 식별하고 구분합니다. 그러나 강화된 감정도 외부적 실제의 경우와 마찬가지입니다. 우리가 내부의 감각을 관찰하기 시작할 때, 강화된 감정들은 분해됩니다. 물질이 아원자입자들의 미세한 파동에 불과하듯이, 강화된 감정도 순간적인 좋고 싫음으로, 감각에 대한 순간적 반응들로 단단하게 뭉쳐진 형태일 뿐입니다. 일단 강한 감정이 더 미세한 형태로 분해되면, 그 압도할 힘을 상실합니다.

각 부위마다 다양하고 강한 감각을 관찰하면서, 우리는 계속해서 신체구조 전체에서 계속 일어났다가 사라지는 더욱 미세하고 균일한 감각을 알아차립니다. 일어나고 사라지는 감각의 엄청난 속도 때문에, 그것들은 진동의 흐름, 몸 전체를 통해 움직이는 흐름처럼 느껴질 것입니다. 몸의 어느 곳에 주의를 집중하든, 일어나고 사라지는 것만을 알아차립니다. 마음속에 어떤 생각이 일어날 때마다 그 생각을 동반하는 신체 감각들이 나타났다가 사라지는 것을 알아차립니다. 몸과 마음의 외적인 견고함이 용해되고, 우리는 물질·마음·정신 구조가 굉장한 속도로 나타났다가 사라지는 파동, 진동일 뿐이라는 궁극적 진리를 경험합니다.

온 세상이 활활 불타고 있다.

온 세상에 연기가 가득하다.

온 세상이 불타고 있다.

온 세상이 진동하고 있다.[•]

이러한 소멸, 즉 **방가**bhaṅga의 단계에 이르기 위해서 위빳사나 명상가들은 다만 알아차림과 평정심을 계발하면 됩니다. 과학자가 현미경의 도수를 확대해 더 미세한 현상을 관찰할 수 있는 것처럼, 알아차림과 평정심을 계발하는 것은 몸의 미세한 실제를 관찰할 수 있는 능력을 키우는 것입니다.

이러한 방가의 경험이 일어나면, 이는 당연히 아주 유쾌합니다. 모든 아프고 쑤신 통증이 용해되고, 모든 부분에서 감각을 느낍니다. 방가를 경험하는 사람은 평화롭고 행복하며 더없는 기쁨을 느낍니다. 붓다는 그것을 아래와 같이 설명했습니다.

> 정신적·물질적 작용이 일어나고 사라지는 것을 경험할 때
> 그는 환희감과 기쁨을 즐긴다.
> 지혜로운 이들이 그러했듯이 불사불멸을 얻는다.^{••}

이 길에서 나아감에 따라 몸과 마음의 견고함이 용해되면 환희감은 반드시 일어납니다. 그 유쾌한 상황에서 매우 황홀함을 느끼

• 《상윳따 니까야》 v. 7, 〈우빠짤라 숫따Upacālā Sutta〉. 화자는 아라핫arahat 여승 우빠짤라 Upacālā이다.
•• 〈담마빠다〉, XXV. 15 (374).

는 것이 해탈이라고 착각할 수 있습니다. 그러나 그것은 단지 간이역일 뿐입니다. 고통으로부터 완전한 자유를 얻기 위해, 마음과 물질을 넘어선 궁극의 진리를 경험하기 위해 우리는 그 지점에서 계속해서 더 나아가야 합니다.

우리는 자신의 명상 경험을 통해 붓다의 가르침이 무슨 뜻인지 아주 분명하게 이해하게 됩니다. 겉으로 보이는 실제에서 미세한 실제로 관통하면서, 우리는 전신에서 진동의 흐름을 즐기기 시작합니다. 그러다 갑자기 그 흐름이 사라집니다. 우리는 또다시 어떤 부위에서는 강력하고 불쾌한 감각을 느끼고, 또 다른 부위에서는 아무 감각도 느끼지 못합니다. 또다시 우리는 마음속에서 격렬한 감정을 경험합니다. 이 새로운 상황에 혐오감을 느끼고 다시 그 방가로 돌아가고자 갈망한다면, 위빳사나를 제대로 이해한 것이 아닙니다. 그렇다면 우리는 위빳사나를 유쾌한 감각의 경험을 목표로 하고 불쾌한 감각을 피하거나 극복하는 일종의 게임으로 만들어버리는 것입니다. 이것은 우리가 평생 해온 바로 그 게임, 오직 고통만을 초래하는, 끊임없이 밀고 당김을 되풀이하는 갈망과 혐오를 반복하는 게임입니다.

그러나 지혜가 생기면서, 방가의 경험을 하고 난 후에도 거친 감각이 다시 나타나는 것은 퇴보가 아니라 오히려 발전임을 알게 됩니다. 우리가 위빳사나 명상을 하는 이유는 어떤 특정한 종류의 감각을 경험하기 위한 것이 아니라, 마음의 모든 조건화에서 자유로워지기 위한 것입니다. 우리가 어떤 감각에도 반응하지 않으면 조건화의 일부가 사라지게 되고, 감각은 우리를 고통으로부터 자유롭게 하는 수단이 됩니다. 불쾌한 감각에 반응하지 않고 바라봄으로써 우리는 혐오를 제거합니다. 유쾌한 감각에 반응하지 않고 바라봄으로써 우리는 갈망을 제거합니다. 아무렇지 않은 감각들을 반응하지 않고 바라봄으로써 우리는 무지를 제거합니다. 그러므로 어떤 경험이나 감각도 본질적으로 좋고 나쁘다고 할 수 없습니다. 그것을 경험하는 사람이 평정심을 유지하면 좋은 것이고, 평정심을 잃으면 나쁜 것입니다.

이런 이해로 우리는 조건화를 제거하기 위한 도구로 모든 감각을 사용합니다. 이것이 **상카라-우뻭카**sankhāra-upekkhā라고 하는 단계로, 모든 조건화에 대한 평정을 의미합니다. 이것은 단계적으로 해탈의 궁극적 경지, 닙바나nibbāna로 이끕니다.

해탈의 경험

해탈은 가능합니다. 누구나 모든 조건화와 고통으로부터의 자유로울 수 있습니다. 붓다는 이처럼 설명했습니다.

모든 물질계와 정신계를 초월한 경험의 차원이 존재한다. 그것은 이 세상도 아니고, 다른 세상도 아니다. 그 둘 다 아닌 것도 아니다. 달도 아니고, 해도 아니다. 이는 일어남도, 사라짐도, 영원도, 죽음도, 환생도 아니다. 그것은 조력도 없고, 성장도 없고, 기반도 없다. 이것이 고통의 끝이다.*

그는 또한 이렇게 말했습니다.

태어나지 않는 것, 무엇인가 되지 않는 것, 창조되지 않은 것, 상태가 만들어지지 않은 것이 존재한다. 태어나지 않은 것, 무엇인가 되지 않은 것, 창조되지 않은 것, 상태가 만들어지지 않은 것이 없었다면, 태어난다는 것, 무엇인가 된다는 것, 창조된다는 것, 상태가 만들어진다는 것을 통해서 해탈을 이해할 수 없었을 것이다. 그러나 태어나지 않은 것, 무엇인가 되지 않은 것, 창조되지 않은 것, 상태가 만들어지지 않은 것이 존재하는 까닭에, 태어난다는 것, 무엇인가 된다는 것, 창조된다는 것, 상태가 만들어진다는 것을 통해 해탈을 이해할 수 있게 된다.**

닙바나는 그저 죽음 뒤에 겪는 경험이 아닙니다. 그것은 지금 여기서 자신이 직접 경험해야 하는 것입니다. 이것이 부정적으로 표현되는 이유는 그것이 말 그대로 부정적 경험이어서가 아니라, 그

---

* 〈우다나〉, VIII. 1.
** 〈우다나〉, VIII. 3.

것을 설명할 다른 방법이 없기 때문입니다. 모든 언어에는 모든 물질적·정신적 현상을 지칭하는 단어가 있지만, 마음과 물질을 초월한 것을 설명하는 단어나 개념은 없습니다. 그것은 모든 범주와 구분을 초월합니다. 우리는 오직 '그것은 무엇이 아니다'라고 표현할 수밖에 없습니다.

사실 닙바나를 설명하려고 하는 것은 무의미한 일입니다. 어떤 설명이라도 혼란만을 더해줄 뿐입니다. 그것에 대해 토론하고 논쟁하는 것보다 그것을 경험하는 것이 더 중요합니다. "고통을 멈추는 이 성스러운 진리는 반드시 직접 경험하여 깨달아야 한다"라고 붓다는 말했습니다. 이 닙바나를 경험해야 그것이 그 사람에게 진리인 것입니다. 그러면 열반에 대한 모든 논쟁은 아무 필요가 없게 됩니다.

해탈의 궁극적인 진리를 경험하기 위해서 첫째로 필요한 것은 겉으로 보이는 실제를 뚫고 들어가 몸과 마음이 용해되는 것을 경험하는 것입니다. 겉으로 보이는 실제를 초월해 꿰뚫고 들어갈수록 갈망·혐오·집착을 버리게 되고 궁극적 진리에 더 가까이 다가가게 됩니다. 꾸준히 수행하면 자연히 다음 순간에 닙바나가 일어나는 지점에 도달합니다. 그것을 열망하는 것, 그것이 일어날까 안 일어날까 의문을 갖는 것은 아무 의미가 없습니다. 담마를 제대

● 《상윳따 니까야》LVI (XII). ii. 1, 〈담마-짝깝빠왓따나 숫따〉.

로 수행하는 사람은 반드시 경험하게 되어있습니다. 그것이 언제가 될지는 아무도 모릅니다. 그것은 각자 내부에 쌓여있는 불순물의 양과 그것을 제거하려는 개인의 노력에 달린 문제입니다. 그것을 이루기 위해 할 수 있고, 해야 하는 것은 오직 지속적으로 반응하지 않고 감각을 관찰하는 것입니다.

우리가 언제 닙바나의 궁극적 진리를 경험할지 알 수 없습니다. 그러나 그것을 향해 나아가고 있다는 것만은 확실합니다. 우리는 현재 마음상태를 통제할 수 있습니다. 우리 내부나 외부에서 어떤 일이 일어나건, 지금 이 순간 우리는 자유롭습니다. 붓다는 말했습니다. "갈망의 소멸, 혐오의 소멸, 무지의 소멸, 이것을 닙바나라 한다."** 마음이 이것들로부터 자유로운 단계에서 해탈을 경험합니다.

우리가 위빳사나 명상을 제대로 수행할 때마다 우리는 이 해탈을 경험합니다. 결국 담마는 미래뿐만 아니라 지금 여기서 혜택을 주어야 합니다. 담마의 길을 걷는 모든 걸음마다 그 유익함을 경험해야 하며, 모든 걸음이 곧바로 그 목적지를 향한 것이어야 합니다. 지금 조건화로부터 자유로운 마음은 평화로운 마음입니다. 그러한 순간들이 우리를 완전한 자유로 이끕니다.

우리는 닙바나를 계발하려고 애쓸 수 없습니다. 닙바나는 계발

●● 《상윳따 니까야》XXXVIII (IV). 1, 〈닙바나 빤하 숫따Nibbāna Pañhā Sutta〉. 화자는 붓다의 수제자인 사리뿟따Sāriputta이다.

되는 것이 아닙니다. 그러나 우리를 닙바나로 이끌어줄 자질과 평정을 계발하려고 노력할 수는 있습니다. 우리는 매 순간 반응하지 않고 실제를 관찰합니다. 우리는 매 순간 궁극적 진리를 향해 꿰뚫고 들어갑니다. 마음의 가장 훌륭한 자질은 실제의 완전한 알아차림을 기반으로 한 평정입니다.

진정한 행복

한번은 누가 붓다에게 진정한 행복을 설명해 달라고 청했습니다. 그는 행복을 낳는 여러 유익한 행동을 열거했는데, 이것들이야 말로 진정한 축복이었습니다. 그 축복은 크게 두 가지로 분류되는데, 그것은 가족과 사회에 책임을 다함으로써 다른 이의 복지에 기여하는 행동, 그리고 마음을 정화하는 행동이었습니다. 자신의 행복은 다른 이들의 행복과 분리할 수 없는 것입니다. 그리고 마지막에 붓다가 말했습니다.

삶의 모든 흥망성쇠를 마주할 때,

마음은 여전히 흔들림이 없고,

탄식하지 않고, 부정성을 만들지 않고, 항상 안전하다고 느낀다면,

이것이야말로 가장 큰 행복이다.[*]

---

[*]   《숫따 니빠따Sutta Nipāta》, II. 4, 〈마하-망갈라 숫따Mahā-Maṅgala Sutta〉.

우리는 자신의 몸과 마음의 소우주에서나 그 밖의 세상에서나 무슨 일이 일어나도, 그것을 마주할 수 있습니다. 긴장감이나 힘들게 억압해 놓은 갈망과 혐오가 아니라 편안함으로, 마음 깊은 곳에서 우러나오는 미소로 말입니다. 상황이 유쾌하든 불쾌하든, 원한 것이었든 원하지 않는 것이었든, 매 상황에서 아무 걱정 없이 무상의 지혜 속에서 완전히 안전함을 느낍니다. 이것이 가장 큰 축복입니다.

자기가 자신의 주인임을 아는 것, 어떤 것도 자신을 압도할 수 없다는 것, 삶에서 어떤 일이 일어나도 미소 지으며 받아들일 수 있다는 것, 이것이 완벽한 평정심이며 진정한 해탈입니다. 위빳사나 명상을 하면, 지금 여기에서 해탈을 경험할 수 있습니다. 이 진정한 평정심은 단지 부정적이고 소극적인 무관심이 아닙니다. 현실을 외면하고 삶의 문제로부터 도망치고자 하는 이들의 맹목적인 묵인이나 냉담함이 아닙니다. 오히려 진정으로 균형 잡힌 마음은 문제를 완전히 알아차리고, 모든 단계의 실제를 알아차림으로써 만들어집니다.

갈망과 혐오가 없다는 것이 자신의 해탈을 즐기면서 다른 사람의 고통에는 신경 쓰지 않는 냉정한 무관심을 의미하지는 않습니다. 오히려 진정한 평정심을 제대로 표현하면 '신성한 무관심'입니다. 그것은 순수한 마음의 적극적인 표현이며 성질입니다. 갈망과 혐오가 없다는 것은 곧 마음의 창의적·역동적 자질, 마음의 순수함의 표현입니다. 모든 맹목적 반응의 습관에서 벗어나면, 마음은 처음으로 자신과 다른 이들을 위한 창의적이고 효율적이며 유익한, 긍정적인 행동을 할 수 있습니다. 평정심과 함께 순수한 마음의 다른 자질들이 생겨나는 것입니다. 아무 대가도 바라지 않으면서 다른 사람을 위한 선의와 사랑, 다른 사람의 실패나 고통에 대한 연민, 다른 사람의 성공과 행운을 함께 기뻐하는 마음이 바로 그 자질입니다. 이 네 가지 자질은 위빳사나 수행의 필연적 결과입니다.

이전에는 좋은 것은 혼자 가지려 하고 나쁜 것은 다른 사람에게 미루었습니다. 이제는 나의 행복이 다른 사람의 희생에 의해 얻을 수 없다는 것을, 남에게 행복을 주는 일이 자신에게 행복한 일임을 이해합니다. 그러므로 자신이 가진 어떤 좋은 것이라도 남들과 나누려 합니다. 고통에서 벗어나 해탈의 평화를 경험했으므로, 이것이야말로 가장 좋은 것임을 깨닫게 됩니다. 따라서 그 사람은 다른 사람도 이 좋은 것을 경험할 수 있기를, 그래서 그들의 고통에서 벗어나는 길을 찾을 수 있기를 기원합니다.

이것은 위빳사나 명상의 논리적인 끝맺음으로 **멧따-바와나**metta-bhāvanā, 즉 자비명상이라고 하는데, 다른 존재를 위한 선의를 계발합니다. 이전에는 그럴듯한 말로만 그런 감정을 표현했지만, 마음속 깊은 곳에서는 오래된 갈망과 혐오의 과정이 계속되고 있었을 것입니다. 이제 그 반응의 과정이 어느 정도 멈추었고, 오래된 이기적인 습관이 사라졌기 때문에, 꽃향기가 뿜어져 나오듯, 자연히 선의

가 일어나게 됩니다. 순수한 마음에서 일어나는 자질들과 함께 이 선의는 모두에게 유익한, 평화롭고 조화로운 분위기를 조성하는 데 큰 힘이 됩니다.

항상 평정을 유지한다는 것이 더 이상 다양한 삶을 즐길 수 없는 것은 아닌가라고 생각하는 사람들이 있습니다. 마치 화가가 여러 가지 물감을 짜놓은 팔레트를 놓고 회색으로만 그림을 그린다거나, 피아노를 갖고 있는 사람이 중간 '다'음만 치는 것처럼 말입니다. 이는 평정심을 잘못 이해한 것입니다. 사실은 그 피아노의 조율이 엉망이어서 우리가 피아노를 어떻게 칠 줄을 모르는 것입니다. 자기표현이라는 이름으로 건반을 눌러 소리를 내도 소음만 만들 뿐입니다. 그러나 피아노를 조율하는 법과 제대로 연주하는 법을 배우면 음악을 만들어낼 수 있습니다. 가장 낮은음에서 높은음까지 모든 건반을 사용해서 우리가 연주하는 모든 음은 오직 조화와 아름다움만을 창조합니다.

붓다는 마음을 정화하고 "완전한 깨달음"을 얻으면, 그 사람은 "기쁨·축복·고요함·알아차림·완전한 이해·진정한 행복"을 경험하게 된다고 했습니다.* 평정심으로 우리는 인생을 더욱 즐길 수 있습니다. 유쾌한 상황이 일어나면 완벽한 그리고 흐트러짐 없는 알아차림으로 현재를 완전히 누릴 수 있습니다. 그 경험이 지나갔

● 《디가 니까야》 9, 〈뽓타빠다 숫딴따Poṭṭhapāda Suttanta〉.

을 때도 우리는 괴로워하지 않습니다. 우리는 그것 또한 변화하는 것임을 이해하면서 여전히 미소를 짓습니다. 마찬가지로 힘든 상황이 오면 당황하지 않습니다. 그 대신 그 상황을 이해합니다. 그렇게 함으로써 상황을 낫게 해줄 방법을 찾을 수 있을 것입니다. 우리 힘으로 해결할 수 없다면, 이 경험 또한 무상하고 변화할 것임을 알고 계속 평화롭게 머뭅니다. 이런 방식으로 마음이 긴장하지 않게 유지함으로써 우리는 더욱 즐겁고 건설적인 삶을 살 수 있습니다.

우 바 킨 스승님의 학생들은 위빳사나 수행을 하는 사람이 갖춰야 할 진지한 태도가 부족하다고 미얀마 사람들이 비판한다는 얘기가 있었습니다. 그 비판을 받아들인 수련생들은 명상 코스를 진행하는 동안에는 당연히 진지하게 명상에 임했지만, 명상 코스가 끝난 후에는 항상 행복하게 웃으면서 다녔습니다. 당시 미얀마에서 가장 존경받는 스님이었던 웨부 사야도가 그 비판을 듣자 이렇게 말했습니다. "그들은 웃을 수 있기 때문에 웃는 것이다." 그들의 미소는 집착이나 무지가 아니라 담마의 웃음이었습니다. 마음을 정화한 사람이 찡그린 얼굴로 다닐 리가 없습니다. 해탈로 가는 길을 알면 당연히 행복해지는 것입니다.

이 미소는 단지 평화와 평정심 그리고 선의를 표현하는 마음에서 나오는 것이며, 모든 상황에서 밝게 남아있는 미소는 진정한 행복입니다. 이것이 담마의 목표입니다.

Q 저희가 육체적 통증을 치료하는 것과 같은 방식으로 강박적인 생각도 치료할 수 있는지 궁금합니다.

A 마음속에 강박적인 생각이나 감정이 있다는 사실을 받아들이세요. 그것들은 깊이 억눌려있다가 이제 의식의 차원에서 나타나는 것입니다. 너무 그것을 깊이 생각하지 마세요. 감정은 감정으로 받아들이면 됩니다. 그렇게 하면서 어떤 감각을 느낍니까? 신체적 감각을 동반하지 않는 감정은 있을 수 없습니다. 그 감각을 관찰하세요.

Q 그럼 어떤 특정한 감정과 관련된 감각을 찾아보아야 하나요?

A 일어나는 감각을 모두 관찰하세요. 당신은 어떤 감각이 그 감정과 관련되어 있는지 찾을 수 없습니다. 그러니 절대 그렇게 하려고 시도하지 마세요. 그것은 헛수고만 하는 것입니다. 마음에 어떤 감정이 떠오를 때, 당신이 육체적으로 경험하는 감각이 그 감정과 관련이 있습니다. 그저 감각을 관찰하면서 이렇게 이해하세요. "이 감각들은 아닛짜anicca다. 이 감정 또한 아닛짜다. 이것들이 얼마나 지속되는지 보자." 그러면 당신이 그 감정의 뿌리를 제거했고, 그 감정은 사라졌다는 것을 알게 될 것입니다.

Q 감정과 감각이 같다고 말할 수 있을까요?

A 그 둘은 동전의 양면과 같습니다. 감정은 정신적이고 감각은 육체적이지만, 그 둘은 서로 밀접한 관련이 있습니다. 실제로 모든 감정, 마음속에서 일어나는 모든 일은 몸에서 감각으로 나타납니다. 이것이 자연의 법칙입니다.

Q 그렇지만 감정 그 자체는 마음에서 일어나잖아요.

A 그렇지요. 마음에서 일어납니다.

Q 그런데 마음이 몸 전체이기도 하다고요?

A 온몸과 밀접하게 연관되어 있는 것입니다.

Q 의식이 몸의 모든 원자 안에 있나요?

A 그렇습니다. 그래서 특정한 감정과 관련된 감각이 몸 어디에서 든지 일어날 수 있는 것입니다. 온몸의 감각을 관찰한다면, 그 감각과 관련된 감정을 관찰하는 것입니다. 그리고는 그 감정으로부터 해방되지요.

Q 만약 앉아있지만 아무 감각도 느끼지 못한다면, 여전히 어떤 이익을 얻을 수 있나요?

A 앉아서 호흡을 관찰하면 마음이 가라앉고 집중됩니다. 그러나

감각을 느끼지 못하는 한, 더 깊은 차원에서의 정화의 과정은 일어나지 않습니다. 마음의 깊은 곳에서는 반응이 감각과 함께 시작됩니다. 이것은 항상 일어나고 있지요.

Q 일상생활 중에 시간이 조금밖에 없어도 그동안 감각을 관찰하면 여전히 도움이 될까요?

A 물론입니다. 심지어 눈을 뜬 채로도, 다른 할 일이 없다면 몸의 감각을 알아차려야 합니다.

Q 학생이 닙바나를 경험했는지 어떻게 알 수 있습니까?

A 누군가 닙바나를 실제로 경험했는지 점검할 수 있는 여러 가지 방법이 있습니다. 이를 위해서 지도 선생님들은 적절한 훈련을 받아야 합니다.

Q 학생이 스스로 알 수 있는 방법은 없나요?

A 그들의 삶에 일어나는 변화를 통해서 알 수 있지요. 정말로 닙바나를 경험한 자는 성스러워지고 순수한 마음을 갖게 됩니다. 그들은 어떤 방식으로든 다섯 가지 계율을 깨뜨리지 않으며, 실수를 하면 감추는 대신 공개적으로 인정하고 반복하지 않도록 노력합니다. 종교의식이나 예식에 대한 집착은 사라집니다. 그것들은 진정한 경험이 없는 텅 빈 껍데기일 뿐이라고 깨닫기

때문입니다. 더 이상 다른 수행법이나 종교를 찾아 헤매지 않습니다. 그리고 마지막으로 그들 내부에서 '나'라는 자아의 환상이 깨질 것입니다. 만약 닙바나를 경험했다고 주장하면서도 예전처럼 마음이 불순하고 불건전한 행동을 한다면, 무엇인가 잘못된 것입니다. 닙바나를 정말로 경험했는지는 그들의 삶의 방식을 통해 반드시 드러납니다.

지도 스승이 학생들에게 닙바나를 경험했다는 '증명서'를 발급하는 것, '이 사람은 닙바나를 성취했다'고 공개 선언하는 것은 부적절합니다. 그렇게 하면 지도 스승들과 학생들 사이에 에고 쌓기 경쟁이 됩니다. 학생은 그 증명서만 따려고 할 것이고, 증명서를 많이 발급할수록 스승의 명성은 높아질 것입니다. 닙바나의 경험은 부차적인 것이 되고, 그 증서를 따는 것이 최고의 목표가 되어, 이 모든 것이 정신 나간 게임이 됩니다. 순수한 담마는 사람들을 돕기 위한 것입니다. 그러니 그 학생이 닙바나를 정말 경험해서 해탈했는지 점검하도록 도와주는 것이 가장 적절합니다. 스승과 가르침의 목적은 순수하게 사람들을 돕는 것입니다. 그들의 에고를 부추기는 것이 아닙니다. 이것은 게임이 아닙니다.

Q **정신분석과 위빳사나를 어떻게 비교하시겠습니까?**

A 정신분석에서는 마음을 조건화하는 데 큰 영향을 끼친 과거의 일을 의식의 차원으로 불러내려 합니다. 반면에 위빳사나는 조

건화가 실질적으로 시작되는 마음속 가장 깊은 차원으로 명상가를 이끌어줍니다. 정신분석에서 회상하려고 하는 모든 일 또한 육체적 차원에서 감각으로 기록되어 있습니다. 명상가는 평정심을 가지고 온몸의 육체적 감각을 관찰함으로써, 셀 수 없이 많은 조건화의 층들이 일어나 사라지게 합니다. 위빳사나는 조건화의 뿌리를 다루고 있으므로, 그것으로부터 빠르고 쉽게 벗어날 수 있습니다.

Q 진정한 자비란 무엇입니까?

A 다른 사람을 위하고자 하는 마음, 그들이 고통에서 벗어나도록 돕고자 하는 바람입니다. 그러나 집착이 없어야 합니다. 다른 사람의 고통을 보고 자기도 따라 울기 시작하면, 그것은 당신을 불행하게 만들 뿐입니다. 이건 담마의 길이 아니에요. 진정한 자비심을 지녔다면 온 사랑을 다해 능력껏 최선을 다해 다른 존재를 도우십시오. 만약 실패하면 미소 짓고 다른 방법을 찾아 도우세요. 당신의 봉사로 인한 결과가 어떻게 될지는 걱정하지 말고 도우십시오. 이것이 평정심에서 우러나는 진정한 자비입니다.

Q 위빳사나 명상이 해탈에 이르는 유일한 방법이라고 말씀하시는 것인가요?

A 해탈은 자신을 탐구하고 조건화를 제거함으로써 성취하는 것입니다. 그리고 그렇게 하는 것이 위빳사나입니다. 이름을 뭐라고 붙이든 상관없습니다. 어떤 이들은 위빳사나에 대해 들어보지 못했지만, 그들 안에 저절로 그 과정이 작용하기 시작했습니다. 그들의 말들을 추측해 보건데, 이런 일이 인도의 많은 성자에게 일어났던 것 같습니다. 그러나 그들은 단계적으로 배우지 않았기 때문에, 그것을 다른 사람들에게 정확히 설명할 수 없었습니다. 당신은 여기서 해탈로 이끌어줄 체계적 방법을 배울 기회를 얻었습니다.

Q 위빳사나가 보편적인 삶의 기술이라고 하셨지만, 종교를 갖고 있는 사람들을 혼란스럽게 하지 않을까요?

A 위빳사나는 다른 종교들과 경쟁하려고 위장된 종교가 아닙니다. 위빳사나 명상가들에게 맹목적으로 철학적 교리를 받아들이라고 요구하지 않습니다. 대신 자신이 경험해서 그것이 사실일 때만 받아들이라고 배웁니다. 가장 중요한 것은 실천이지 이론이 아닙니다. 즉 도덕규칙과 집중, 마음의 정화가 가장 중요한 것입니다. 어느 종교가 이에 반대할 수 있겠습니까? 어떻게 이것이 혼란스러울 수 있습니까? 실천을 중요하게 여기세요. 그러면 그런 의문점들은 문제가 되지 않을 것입니다.

기름병
채우기

한 어머니가 아들에게 근처 식료품 가게에서 기름을 사오라고 빈 병과 10루피를 주어 보냈습니다. 소년은 가서 병에 기름을 가득 채웠으나, 오는 길에 넘어져 병을 떨어뜨리고 말았습니다. 그것을 줍기 전에, 이미 기름의 절반이 쏟아졌습니다. 병이 반쯤 빈 것을 보자 그는 집에 울면서 돌아왔습니다. "기름을 반이나 쏟았어요. 반이나 쏟았다고요!" 그는 매우 불행했습니다.

그 어머니는 또 다른 아들에게 빈 병과 10루피를 주어 가게로 보냈습니다. 그 또한 병을 가득 채우고 돌아오는 길에 넘어져 병을 떨어뜨렸습니다. 또 기름이 반쯤 쏟아졌습니다. 소년은 그 병을 들고 아주 행복하게 집으로 돌아왔습니다. "어머니, 보세요. 기름이 반이나 남았어요! 병이 떨어져서 깨질 수도 있었는데, 기름만 쏟아졌지 뭐에요. 다 쏟아질 수도 있었지만 제가 절반은 가져왔어요!" 두 아들 다 똑같은 상황에서 똑같이 절반쯤 비어있는 병을 들고 어머니에게 돌아왔습니다. 한 명은 반쯤 빈 병을 보고 울었고, 다른 한 명은 반쯤 차 있는 병을 보고 행복해했습니다.

그 어머니는 또 다른 아들에게 빈 병과 10루피를 주어 가게로 보냈습니다. 그 역시 돌아오면서 넘어져 병을 놓쳤습니다. 기름 절반이 쏟아졌습니다. 그는 병을 들고 두 번째 소년처럼 아주 행복하게 어머니에게 돌아와 말했습니다. "어머니, 기름을 절반이나 구했어요!" 그러나 이 소년은 낙관적일 뿐만 아니라 현실적이기도 한 위빳사나 소년이었습니다. 그는 생각했습니다. '기름의 절반을 구했어. 그러나 나머지 절반 또한 잃었어.' 그래서 그는 어머니에게 말했습니다. "이제 저는 시장에 가서 하루 동안 열심히 일해서 5루피를 벌겠어요. 그 돈으로 이 병을 다 채워 올게요. 저녁이 되면 다 채울 수 있을 거예요." 이것이 위빳사나입니다. 비관주의가 아닙니다. 낙관주의·현실주의·하자주의(해보자, 할 수 있다)입니다.

chapter 10

삶의 기술

T H E   A R T   O F   L I V I N G

"필요하다면 강한 행동을 취해야 합니다.
그러나 그 전에 마음이 평정한지,
잘못 행동하는 사람에 대한 사랑과 자비심으로 가득한지
우리의 마음을 점검해 봐야 합니다.
만약 그렇다면 그 행동은 도움이 될 것이나,
그렇지 않다면 아무도 돕지 못합니다."

우리가 자신에 대해 갖고 있는 모든 착각 중에서 가장 기본적인 것은 '나'라고 하는 것이 있다는 생각입니다. 이 가정하에 우리는 자신을 우주의 중심이라 생각하며 자신을 가장 중요하게 생각합니다. 우리는 무수히 많은 세계가 존재함을 알면서도 또다시 자신만이 유일한 세계의 중심이라고 생각합니다. 우리가 사는 이 세계의 무수한 존재들 사이에서 또 자신만이 세계의 중심이라고 생각합니다. 우리가 아무리 잘났다고 해도 무한한 시간과 광대한 우주에 비하면 아무것도 아닙니다. 우리가 갖고 있는 자신에 대한 생각은 분명한 착각입니다. 그럼에도 우리는 자신의 욕망을 충족시키는 데 온 생애를 바칩니다. 그것이 행복해지는 방법이라고 믿으면서 말입니다. 다른 방식으로 산다는 생각은 이상하게 느껴지고, 심지어 두렵기까지 합니다.

그러나 자의식의 고뇌를 경험한 사람이라면 누구나 그것이 얼마나 큰 고통인 줄 압니다. 욕망과 두려움, '나'라는 생각들에 사로잡혀 있는 한, 우리는 세상에서 고립되어 자아의 좁은 감옥에 갇혀 있는 것입니다. 이 자기에 대한 집착에서 벗어나는 것이야말로 우리를 세상으로 다가가게 하고, 삶을 향해 세상을 향해 자신을 활짝 열어젖히고 진정한 충만함을 느끼게 하는, 속박으로부터의 진정한 자유입니다. 우리에게 필요한 것은 자기부정이나 자기억압이 아니라, 자아에 대한 우리의 잘못된 관념으로부터의 자유입니다. 그리고 우리가 '자신'이라고 부르는 것이 사실은 계속 변화하는 하나의 현상임을 깨닫는 것이 자유를 향해 가는 길입니다.

위빳사나 명상은 통찰력을 얻을 수 있는 방법입니다. 직접 몸과 마음의 변화하는 본질을 경험하지 않는 한, 자신이 중심이라는 생각에 사로잡힌 상태로 남아있게 되고, 그로 인해 고통받게 됩니다. 그러나 일단 영원불멸의 환상이 깨지면, '나'라는 착각은 자연히 사라지고 고통도 없어집니다. 위빳사나 명상가에게, 자신과 세상의 덧없는 성질에 대한 깨달음인 아닛짜anicca는 해탈의 문을 여는 열쇠입니다.

무상함을 이해하는 것의 중요성은 붓다의 모든 가르침에 공통적으로 깔려있는 것입니다. 붓다는 말했습니다.

일어나고 사라지는 실제를 하루라도 보는 것이

그것을 모른 채 백 년을 사는 것보다 낫다.*

그는 무상의 깨달음에 대해서는 밭을 갈면서 모든 뿌리를 끊어
내는 농부에, 지붕을 받치는 모든 대들보보다 높은 지붕 꼭대기에
놓인 용마루에, 속국의 제후들을 다스리는 강력한 지도자에, 별빛
을 흐리게 만드는 밝은 달에, 하늘의 모든 어둠을 몰아내는 태양에
비유했습니다.** 삶의 마지막 순간에 그가 한 말은 "모든 상카라, 즉
생겨난 모든 것은 사라지게 되어있다. 이 진리를 깨닫도록 부지런
히 수행하라"***였습니다.

아닛짜의 진리를 그저 머리로 받아들이면 안 됩니다. 그것을 감
정이나 신앙심 때문에 받아들여서도 안 됩니다. 각자 스스로가 직
접 아닛짜의 진리를 경험해야 합니다. 우리를 해탈로 이끄는 진정
한 지혜는 무상함, 자아의 허황된 성질 그리고 고통에 대한 직접적
인 이해를 통해 얻게 됩니다. 이것이 바른 이해입니다.

명상가들은 실라sīla, 사마디samādhi, 그리고 빤냐paññā 수행이 정
점에 이름에 따라 이 해탈의 지혜를 경험합니다. 이 세 가지를 수
행하지 않는다면, 매 걸음마다 이 길을 따라가지 않는다면, 진정한
통찰과 고통으로부터의 자유에 도달할 수 없습니다. 그러나 수행

● 〈담마빠다〉, VIII. 14 (113).
●● 《상윳따 니까야》 XXII. 102 (10), 〈아닛짜-산냐 숫따Anicca-sañña Sutta〉.
●●● 《디가 니까야》 16, 〈마하-빠리닙바나 숫딴따Mahā-Parinibbāna Suttanta〉.

을 시작하지 않은 사람들조차도 비록 그것이 고통의 진리에 대한 지적인 이해라 할지라도 약간의 지식은 가지고 있습니다. 아무리 피상적이라 할지라도 이런 이해가 없다면, 고통에서 벗어나기 위해 노력하고 싶다는 생각이 마음에서 일어날 수가 없습니다. 붓다는 말했습니다. "바른 이해가 먼저다."[●]

그러므로 여덟 가지 성스런 길의 첫 단계는 사실 바른 이해와 바른 생각입니다. 우리는 문제를 파악하고 그것에 어떻게 대처하겠다는 결정을 내려야 합니다. 그러고 나서야 본격적으로 담마 수행을 시작하는 것이 가능해집니다. 우리는 행동을 제어하기 위해 다섯 가지 계율을 지키고 도덕성을 훈련하면서 이 길을 걷기 시작합니다. 호흡 알아차리기를 통해 사마디를 계발하면서, 집중력 훈련과 함께 마음을 다루기 시작합니다. 그리고 온몸의 감각을 관찰하면서, 우리는 마음의 무의식적 반응의 조건화로부터 벗어나게 해주는 경험적 지혜를 계발합니다.

그리고 나서 직접 경험을 통한 진정한 깨달음이 생기면, 바른 이해가 그 길의 첫걸음이 됩니다. 위빳사나 수행으로 항상 변화하는 자신의 성질을 깨달으면서, 명상가는 갈망·혐오·무지의 마음으로부터 벗어납니다. 그런 순수한 마음으로는 남을 해치는 것을 생각하는 것조차 불가능합니다. 대신 명상가의 생각에는 모든 존재를

● 《맛지마 니까야》 117, 〈마하-짯따리사까 숫따Mahā-cattārisaka Sutta〉.

향한 선의와 자비심만으로 가득 찹니다. 말과 행동 그리고 생계활동에서 고요하고 평화롭고 청정한 삶을 살게 됩니다. 계율을 지켜서 얻은 그 고요함으로 인해 집중력을 계발하기가 더욱 수월해집니다. 그리고 집중력이 강해질수록 꿰뚫는 지혜가 깊어집니다. 그러므로 이 길은 해탈을 향하여 나선의 소용돌이를 따라 전진합니다. 세 가지 훈련은 삼각대의 세 다리처럼 서로를 지지해 줍니다. 세 개의 다리가 존재하고, 그 길이가 같아야 그 삼각대가 설 수 있습니다. 마찬가지로 명상가는 반드시 이 명상법의 모든 부분, 즉 실라, 사마디, 빤냐를 똑같이 함께 수행해야 합니다. 붓다는 이와 같이 말했습니다.

바른 이해에서 바른 생각이 생긴다.

바른 생각에서 바른 말이 생긴다.

바른 말에서 바른 행동이 생긴다.

바른 행동에서 바른 생활이 생긴다.

바른 생활에서 바른 노력이 생긴다.

바른 노력에서 바른 알아차림이 생긴다.

바른 알아차림에서 바른 집중이 생긴다.

바른 집중에서 바른 지혜가 생긴다.

바른 지혜에서 바른 해탈이 생긴다.

위빳사나 명상은 또한 지금 여기에서 아주 실용적인 것입니다. 일상 속에서 우리의 평정심을 위협하는 수많은 상황이 일어납니다. 생각지도 못한 어려움이 생기고, 갑자기 다른 이들이 우리와 대립하기도 합니다. 어쨌든 위빳사나를 배웠다는 것이 앞으로 더 이상 아무 문제 없이 살 것임을 보장해 주지는 않습니다. 항해술을 배웠다는 것이 항상 순조로운 여행을 하게 된다는 뜻은 아닙니다. 폭풍은 언젠가 몰아칠 것입니다. 문제들 또한 일어납니다. 그것들로부터 도망치려고 해봤자 소용없는 일이며 자멸하는 행동입니다. 그 대신 해야 할 일은 폭풍에서 빠져나오기 위해 자신이 배운 것을 무엇이든 활용하는 것입니다.

그렇게 하려면 문제의 본질을 이해해야 합니다. 우리는 무지로 인해 외부 사건이나 다른 사람을 원인이라고 생각하고, 우리의 모든 힘을 외부 상황을 바꾸는 데 쏟았습니다. 그러나 위빳사나 수행을 통해 그 누구도 아닌 자신이 행복과 불행에 책임이 있음을 깨닫게 됩니다. 그 문제는 맹목적으로 반응하는 습관 때문입니다. 그러므로 우리는 마음의 조건화된 반응인 내면의 폭풍을 주의 깊게 살펴보아야 합니다. 반응하지 않겠다고 결심하는 것은 소용이 없습

● 앞의 책, 같은 곳.

니다. 무의식 속에 조건화가 남아있는 한, 그것은 조만간 다시 나타나 그와 반대로 하겠다고 한 모든 결심에도 불구하고 마음을 압도합니다. 유일한 해법은 자신을 관찰하고 변화시키는 법을 배우는 것입니다.

지금까지의 설명을 머리로 이해하는 것은 쉽습니다. 그러나 그것을 실행하려면 좀 더 복잡합니다. '어떻게 자신을 관찰하는가?'라는 의문이 남습니다. 마음속에 분노, 공포, 또는 혐오와 같은 부정적인 반응이 마음에서 시작되었습니다. 그것을 관찰하는 것을 기억하기 전에, 그것에 압도되고 그다음에는 부정적으로 말하거나 행동하게 됩니다. 안 좋은 일이 벌어지고 나서 잘못을 깨닫고 후회하지만, 그다음에도 같은 행동을 반복합니다.

또는 누군가 화내는 반응이 시작되는 것을 진짜 관찰하려 한다고 가정해 봅시다. 시도하자마자 그는 화나게 하는 사람이나 상황을 마음속에 떠올립니다. 이것들에 대해 계속 생각하면 그 분노가 더 강해집니다. 그러므로 어떤 원인이나 상황으로부터 감정을 관찰하는 것은 거의 불가능합니다.

그러나 붓다는 마음과 물질의 궁극적 진리를 탐구한 결과, 마음속에 반응이 일어날 때마다 두 가지 변화가 몸에서 일어난다는 것을 발견했습니다. 하나는 쉽게 알 수 있는 것으로, 호흡이 조금 거칠어지는 것입니다. 다른 하나는 더욱 미묘한 성질을 갖고 있는데, 생화학적 반응인 감각이 온몸에서 일어나는 것입니다. 보통의 지적 수준을 가진 사람이라면, 누구나 적절한 훈련을 받아 호흡과 감각을 알아차리는 능력을 계발할 수 있습니다. 그러면 호흡과 감각의 변화를, 그것들이 위험한 힘을 모으기 훨씬 전에 미리 자신에게 주의를 주는 경고로 활용할 수 있습니다. 그리고 계속 호흡과 감각을 바라보면, 쉽게 그 부정성에서 빠져나오게 됩니다.

물론 반응하는 습관은 뿌리가 깊어서 한 번에 제거될 수는 없습니다. 그러나 일상 속에서 위빳사나 명상을 꾸준히 수행하면서, 우리는 적어도 몇 번은 무의식적으로 반응하는 대신 스스로를 관찰하는 법을 깨닫습니다. 점점 관찰하는 시간은 길어지고, 반응하는 시간은 줄어듭니다. 우리가 부정적으로 행동했다 할지라도, 그 반응의 시간은 줄어들고 그 강도는 점점 약해집니다. 결국에는 아주화나는 상황에서도 우리는 호흡과 감각을 관찰하여 평정하고 고요한 마음을 유지하게 됩니다.

마음의 가장 깊은 차원에서의 평정함 덕분에, 우리는 생전 처음으로 진정한 의미의 행동을 할 수 있습니다. 그리고 그 진정한 행동은 언제나 긍정적이고 창의적입니다. 다른 사람의 부정성에 기계적으로 똑같이 반응하는 대신, 우리는 가장 유익한 반응을 선택할 수 있습니다. 화난 사람을 만났을 때, 무지한 사람은 자신도 화를 내고 마는데, 그 결과 둘 모두를 불행하게 하는 싸움이 일어납니다. 그러나 우리가 고요하고 평정하면, 그 사람이 분노에서 벗어나 문제 상황을 건설적으로 헤쳐나가도록 도울 수 있습니다.

감각을 관찰하면 우리가 부정성에 압도될 때마다 우리가 고통받는다는 것을 배웁니다. 그러므로 다른 이가 부정적으로 반응하는 것을 보면, 우리는 그들이 고통받고 있음을 이해합니다. 이 이해와 함께 우리는 그들을 향한 자비를 느끼고, 그들이 더 불행해지지 않도록, 그들이 고통에서 벗어나도록 도울 수 있습니다.

알아차림과 평정심을 발전시킨다는 것이 세상이 우리를 마음대로 대하도록 내버려둔다거나 세상일에 무관심하면서, 마치 식물처럼 무력하고 피동적인 존재가 된다는 것은 아닙니다. 자신의 내적 평화를 추구하는 데만 전념하면서 다른 이의 고통에는 무신경한 사람이 되는 것도 아닙니다. 담마는 자신의 행복뿐 아니라 다른 사람의 행복에 대해서 책임을 지라고 가르칩니다. 다른 이들이 도움이 필요하면 무슨 일이든 하되, 항상 평정을 유지해야 합니다. 모래수렁에서 가라앉고 있는 아이를 보고 어리석은 사람이 당황한 나머지 아이를 구하려고 뛰어들면, 그만 자신도 빠지고 맙니다. 지혜로운 사람은 침착하게 평정을 유지하면서 아이에게 닿을만한 나뭇가지를 찾아 안전하게 구해줍니다. 다른 사람을 따라 갈망과 혐오의 모래수렁에 자신도 뛰어들면 아무도 도울 수 없습니다. 우리는 그들을 평정한 마음이라는 이 단단한 땅으로 데려와야 합니다.

살면서 강한 조치를 취해야 하는 경우가 종종 있습니다. 한 예로, 우리가 부드럽고 공손한 말로 상대방에게 잘못하고 있음을 지적했지만, 그는 거친 행동만 알아듣는 사람이라서 그 충고를 무시

합니다. 그러므로 필요하다면 강한 행동을 취해야 합니다. 그러나 그 전에 마음이 평정한지, 잘못 행동하는 사람에 대한 사랑과 자비심으로 가득한지 우리의 마음을 점검해 봐야 합니다. 만약 그렇다면 그 행동은 도움이 될 것이나, 그렇지 않다면 아무도 돕지 못합니다. 우리가 사랑과 자비심으로 행동한다면 잘못된 행동을 할 수 없습니다.

강한 자가 약한 자를 공격할 때, 우리는 이 나쁜 행동이 중단되도록 노력해야 할 책임이 있습니다. 보통 사람이라면 누구나 도우려 할 것입니다. 그러나 그것은 아마 희생자에 대한 동정과 공격자에 대한 분노에서 비롯된 행동일 것입니다. 반면 위빳사나 명상가들은 그 둘에게 똑같이 연민을 느낍니다. 희생자는 자신을 보호했어야 했으나 그러지 못했고, 공격자는 불순한 행동으로 자신을 해쳤음을 알고 있기 때문입니다.

강한 행동을 취하기 전에 자신의 마음을 점검하는 것은 아주 중요합니다. 행동을 한 후에 그것을 정당화하는 것으로는 부족합니다. 우리 자신이 내부에서 평화와 조화를 경험하지 않고 있다면, 다른 누구의 내면에도 평화와 조화가 생기도록 도울 수 없습니다. 위빳사나 명상가로서 우리는 자비심을 느끼지만 감정에는 휘둘리지 않도록 헌신적인 초연함을 계발하고 있습니다. 우리는 알아차림과 평정심을 강하게 함으로써 모든 존재의 행복을 위해 수행하고 있습니다. 이 세상에 긴장을 더하지 않는 것만으로도 우리는 유익한 행동을 하고 있는 것입니다. 그러나 실제로는 평정심에서 비롯된 행동들은 아주 조용하지만, 큰 소리로 많은 이에게 긍정적인 영향을 주면서 멀리 파급되는 반사음들과 같습니다.

결국 우리 자신이나 다른 사람들의 정신적 부정성이 이 세상의 고통의 원인입니다. 마음이 순수해지면 우리 앞에 무한한 세상이 펼쳐지고, 우리는 진정한 행복을 즐기고 나눌 수 있게 됩니다.

질문과 고엔카 선생님의 답변

Q 다른 사람에게 이 명상에 대해 말해도 됩니까?

A 물론입니다. 담마에 비밀이란 없습니다. 여기서 당신이 무엇을 했는지 다른 사람에게 말해도 됩니다. 그러나 명상법을 가르치는 것은 별개의 문제입니다. 그 수준에서는 절대로 해서는 안 되는 행동입니다. 이 명상법에 완전히 확고해져서 다른 사람들을 가르칠 수 있는 훈련을 받을 때까지 기다리세요. 위빳사나에 대해 들은 사람이 위빳사나 명상을 하고 싶어 하면 코스에 참가하라고 조언하십시오. 적어도 위빳사나를 처음 배울 때만큼은 제대로 준비된 10일 코스에 참가해, 인가받은 선생님으로부터 지도를 받아야 합니다. 그 후에는 혼자 명상할 수 있습니다.

Q 저는 요가를 합니다. 위빳사나와 어떻게 병행할 수 있을까요?

A 명상 코스 중에는 다른 학생들의 주의를 방해할 수 있기 때문에 요가 수련은 명상센터에서 허용되지 않습니다. 그러나 집에 돌아가서는 위빳사나와 요가를 둘 다 수련해도 됩니다. 여기서 요가라 함은 요가 자세와 호흡 수련을 말합니다. 요가는 신체 건강에 아주 좋습니다. 위빳사나를 접목해도 되지요. 예를 들어, 어떤 요가 자세를 취하면서 전신의 감각을 관찰하세요. 이렇게 하면 요가만 따로 하는 것보다 훨씬 유익할 것입니다. 그러나 만트라나 시각화를 이용하는 요가의 명상법들과 위빳사나는 정반대의 것입니다. 그 둘을 섞지 마십시오.

Q 다른 요가의 호흡 수련법들은 어떻습니까?

A 그 수련법들은 건강에는 도움이 됩니다. 그러나 그것들을 아나빠나ānāpāna와 섞지 마십시오. 아나빠나를 할 때, 당신은 자연스러운 호흡을 통제하지 않고 있는 그대로 관찰해야 합니다. 호흡조절 수련은 건강을 위해서만 하세요. 그리고 아나빠나 수련은 명상을 위해서 하십시오.

Q (거품 덩어리가 아닌) '나'가 해탈에 집착하고 있는 것인가요?

A 만약 그렇다면 당신은 해탈로부터 정반대로 달려가고 있는 것입니다. 당신이 집착하는 한 절대 해탈을 경험할 수 없습니다.

그저 해탈이 무엇인지 이해하면 됩니다. 그리고 이 순간의 실제를 계속 관찰하면서 해탈이 일어나게 내버려두세요. 안 일어난다고 실망하지 마세요. 당신은 당신이 할 일만 하고, 그 결과는 담마에 맡기십시오. 이렇게 수행한다면 해탈에 집착하지 않게 되고, 그러면 언젠가 해탈이 일어날 것입니다.

Q 그럼 해탈을 성취하기 위해서가 아니라 제 할 일만 하기 위해 명상하는 건가요?

A 그렇습니다. 당신의 마음을 정화하는 것이 당신의 의무입니다. 의무로 받아들이되, 그것에 집착하지 마세요.

Q 그러면 아무것도 성취하지 못하는 것 아닌가요?

A 아닙니다. 일어날 일은 때가 되면 저절로 일어납니다. 알아서 일어나도록 내버려두세요.

Q 아이들에게 어떻게 담마를 가르치면 좋을까요?

A 가장 가르치기 좋을 때는 엄마 뱃속에 있을 때입니다. 명상의 기운을 받아 담마 아기로 태어날 수 있도록 엄마가 임신했을 때 위빳사나를 수련해야 합니다. 그러나 이미 아이들이 태어났다고 해도, 여전히 그들과 담마를 나눌 수 있습니다. 이렇게 해보세요. 위빳사나 명상을 배우고 나서, 당신은 자신의 평화와

조화를 다른 존재들과 나누는 명상법인 자비명상을 배웠습니다. 만약 아이들이 아주 어리다면, 명상을 마칠 때마다 당신의 멧따metta를 그 아이들에게 보내세요. 아이들이 잘 때도요. 그리고 좀 자라면 아이들이 이해하고 받아들일 수 있을 정도로만 담마를 조금 설명해 줍니다. 그들이 좀 더 이해할 수 있다면, 몇 분 동안만 아나빠나를 수행하는 법을 가르쳐주십시오. 절대 강요하지 마세요. 당신 옆에 앉아서 호흡을 잠시 지켜보게 하고 나서 가서 놀라고 하세요. 그들에게는 명상이 놀이와 같아질 것입니다. 그리고 가장 중요한 것은 당신 스스로가 건강한 담마의 삶을 살고, 아이들에게 훌륭한 본보기가 되는 것입니다. 아이들이 건강하고 행복한 사람으로 성장하도록 가정에 평화롭고 조화로운 분위기를 조성해야 합니다. 이것이 당신이 아이들을 위해 할 수 있는 최고의 선물입니다.

Q 담마를 가르쳐주셔서 정말 감사합니다.

A 담마에 감사하세요! 담마가 위대한 것이지요. 나는 그저 담마의 도구일 뿐입니다. 당신 자신에게도 감사하세요! 당신이 열심히 수련해서 이 명상법을 체득한 것입니다. 아무리 스승이 설명하고 가르쳐도 당신이 노력하지 않는다면 아무것도 얻을 수 없는 것입니다. 행복하세요. 그리고 열심히, 열심히 명상하세요!

:

시계
종소리의
울림

나는 수세기 동안 담마를 순수한 형태 그대로 지켜온 담마의 땅, 미얀마에서 태어난 것을 대단한 행운이라고 생각합니다. 약 백년 전에 나의 할아버지는 인도에서 미얀마로 와 정착하셨습니다. 그래서 나도 그곳에서 태어났지요. 나는 또한 내가 사업가 집안에서 태어나서 십 대 때부터 일해 돈을 벌기 시작한 것도 행운이었다고 생각합니다. 돈을 모으는 것만이 삶의 유일한 목표였지요. 내가 젊은 나이에 많은 돈을 버는 데 성공한 것도 참 행운이었습니다. 부자로서의 삶을 몰랐다면, 부자들이 갖고 있는 공허함을 직접 경험할 수 없었을 것입니다. 그리고 이 경험이 없었다면, 행복은 돈으로부터 오는 것이라는 생각이 마음속에 맴돌고 있었을지도 모릅니다. 사람들은 부자가 되면 사회에서 특별한 지위, 높은 지위를 맡게 됩니다. 여러 기관의 임원이나 대표가 되지요. 나는 이십 대 초반부터 사회적 명망을 추구하는 정신 나간 짓을 시작했습니다. 그리고 자연히 내 삶에서 일어나는 이 모든 스트레스 때문에 심신상관적 질병인 지독한 편두통이 생겼습니다. 2주마다 큰 고통을 겪었지만 치료방법이 없었습니다. 나는 이 병이 생긴 것도 큰 행운이었다고 생각합니다.

미얀마 최고의 의사들조차 내 병을 고치지 못했습니다. 그들이 할 수 있는 유일한 치료란 그 통증을 경감하기 위해 모르핀 주사를 놓아주는 것이었습니다. 나는 2주에 한 번씩 모르핀 주사를 맞아야 했는데, 그 부작용은 구역질과 토악질, 고통이었습니다.

이 괴로움을 몇 년 겪고 나자, 의사들이 내게 경고하기 시작했습니다. "지금은 당신이 통증을 가라앉히려고 모르핀을 맞고 있지만, 계속 그렇게 하다가는 조만간 모르핀에 중독되어 매일 모르핀을 투여해야 할 것입니다." 나는 의사들의 예견으로 큰 충격을 받았습니다. 그런 삶은 정말 끔찍할 것입니다. 그들은 이렇게 충고했습니다. "당신은 사업차 자주 외국을 다니지 않습니까? 적어도 한 번은 당신의 건강을 위해 떠나보십시오. 우리에게는 당신의 병을 치료할 방법이 없습니다. 우리도 압니다. 다른 나라의 의사들도 치료법을 갖고 있지는 않습니다. 그러나 그들에게 당신의 통증을 완화해 줄 다른 진통제를, 당신을 모르핀의 위험에서 벗어나게 해줄 다른 진통제를 갖고 있을 수 있습니다." 그들의 충고에 따라 나는 스위스, 독일, 영국, 미국, 일본으로 여행을 떠났습니다. 각국의 최고의 의사들을 만났습니다. 그리고 나는 그들 모두가 나를 치료하지 못한 것이 정말 다행이었다고 생각합니다. 나는 집을 떠날 때보다 훨씬 악화되어 돌아왔습니다.

내가 이 성공적이지 못한 여행을 마치고 돌아온 후, 한 친절한 친구가 내게 와서 이렇게 권했습니다. "위빳사나 명상의 10일 코스를 해보는 것은 어떤가? 우 바 킨U Ba Khin이라는 아주 성스러운 사람이 가르친다네. 그는 공무원이고 자네같이 가족도 있는 사람이야. 내가 보기엔 자네의 병은 정신적인 이유 때문인 것 같군 그래. 이 명상은 마음의 긴장을 해소해 준다고 알려져 있다네. 이 명상을 수련해서 자네의 병을 스스로 고칠 수 있을지도 모르지." 아무도 내 병을 치료해 주지 못했으니, 나는 적어도 이 명상 선생님을 만나보기로 결심했습니다. 어쨌든 만난다고 해서 손해 볼 것은 없었습니다.

나는 그의 명상센터에 가서 이 비범한 사람과 말을 나누었습니다. 그의 명상센터와 그 사람 자체에서 풍기는 고요하고 평화로운 기운에 크게 감명을 받은 나는 말했습니다. "선생님, 저도 당신의 코스에 참가하고 싶습니다. 부디 저를 받아주시겠습니까?"

"물론입니다. 이 명상법은 모두를 위한 것입니다. 코스에 참가하셔도 좋습니다."

나는 계속 말했습니다. "수년간 저는 불치병에, 심각한 두통에 시달려왔습니다. 이 명상법이 제 병을 치료하길 바랍니다."

"안 됩니다." 그가 갑자기 말했습니다. "내게 오지 마십시오. 당신은 코스에 참가할 수 없습니다." 나는 내가 어떻게 그를 화나게 했는지 이해할 수 없었습니다. 그러나 곧 자비심을 가지고 그가 설명했습니다. "담마의 목적은 육체적 병을 고치는 것이 아닙니다. 병을 고치기를 원한다면 병원에 가는 것이 좋습니다. 담마의 목적은 삶의 모든 고통을 치유하는 것입니다. 당신의 그 병은 당신의 고통에 비하면 극히 일부에 불과합니다. 그 병은 사라질 것입니다만, 그것은 정신적 정화의 과정으로 인한 부산물일 뿐입니다. 만약 당신이 그 부산물을 목표로 삼는다면, 당신은 담마를 평가 절하하는 것입니다. 신체적 질병을 고치러 오지 말고, 마음을 자유롭게 하기 위해 오십시오."

그의 말을 납득한 나는 말했습니다. "네, 선생님, 이제 이해하겠습니다. 오직 마음의 정화를 위해서 오겠습니다. 내 질병이 낫든 말든, 여기에서 본 평화를 꼭 경험해 보고 싶습니다." 그리고 참가하겠다는 약속을 하고, 나는 집으로 돌아왔습니다.

그러나 나는 계속 코스에 참가하는 것을 미루었습니다. 보수적인 독실한 힌두 집안에서 태어난 나는 어렸을 때부터 이 말을 귀에 못이 박히도록 들었습니다. "너의 종교, 너 자신의 다르마$_{dharma}$* 안에서 죽는 것이 낫다. 다른 종교로는 절대 개종하지 마라." 나는 이렇게 중얼거렸습니다. "이것 보게, 이것은 다른 종교, 불교야. 그리고 이 사람들은 모두 무신론자들이고, 그들은 신을 믿지 않고 귀신의 존재도 믿지 않는군! (마치 신이나 귀신을 모시는 것이 우리의 모든 문제를 해결해 줄 것처럼!) 내가 무신론자가 되면 무슨 일이 일어나겠는가? 안 돼, 그럴 순 없어. 나는 내 종교를 죽을 때까지 지킬 것이다. 그들 가까이에는 가지 않겠어."

몇 달 동안 나는 이런 식으로 망설였습니다. 그러나 다행스럽게도 나는 마침내 이 명상법을 한번 시도해 보고 어떤 일이 일어나는지 보기로 마음먹었습니다. 나는 그다음 코스에 참가했고, 10일을 모두 완료했습니다. 운 좋게도 나는 엄청나게 많은 혜택을 얻었습니다. 그제야 나는 나의 다르마, 나 자신의 길, 그리고 다른 사람들의 다르마를 이해하게 되었습니다. 인간의 다르마는 각자의 다르마입니다. 오직 인간만이 고통에서 벗어나기 위해 자신을 관찰하는 능력을 갖고 있습니다. 어떤 인간 이하의 생명

• 여기에 담마$_{dhamma}$(산스크리트어와 현대 힌디어로는 다르마$_{dharma}$)라는 단어가 가진 다양한 의미에 관한 유희가 있다. 오늘날 인도에서 협소하고 종파적인 의미로 쓰이는 이 단어는 자연이라는 훨씬 더 넓은 고대의 의미와 대조를 이룬다.

체들도 이 능력을 갖고 있지 않습니다. 자신 내부의 실제를 관찰하는 것이 인간의 다르마입니다. 우리가 이 능력을 사용하지 않는다면, 인간 이하의 존재들과 같은 삶을 사는 것이며 우리의 삶을 낭비하는 것입니다. 이는 확실히 위험하지요.

나는 스스로를 언제나 아주 종교적인 사람이라고 생각했습니다. 어쨌든 나는 모든 종교적 의무를 다 수행했고, 계율들을 지켰으며, 많은 기부를 했지요. 내가 독실한 종교인이 아니라면, 왜 내가 그 많은 종교단체의 대표였겠습니까? 나는 확신에 차서, '나는 아주 독실한 종교인임에 틀림없다'고 생각했지요. 그러나 내가 아무리 많이 봉사하고 기부해도, 아무리 내 말과 행동을 조심해도, 여전히 내 마음속의 어두운 방안을 들여다보면, 그곳에는 뱀·전갈·지네로 가득한 것을 발견했습니다. 이 때문에 그렇게도 많은 고통을 견뎌야 했던 것입니다. 이제 그 불순물들이 점차 사라지면서, 나는 진정한 평화를 즐기기 시작했습니다. 나는 내가 이 훌륭한 명상법, 담마의 보석을 받을 수 있어서 정말 복이 많은 사람이라는 것을 깨달았습니다.

나는 운 좋게도, 스승님 곁에서 그분의 지도를 받으며 이 명상법을 14년 동안 수련했습니다. 물론 나는 가장으로서 해야 할 세속적 의무들을 다했고, 동시에 매일 아침저녁으로 계속 명상했으며, 주말마다 스승님의 명상센터에 갔고, 매년 10일 또는 그 이상 명상 코스에 참가했습니다.

1969년 초에 나는 인도에 가야 할 일이 생겼습니다. 나의 부모님은 몇 년 전부터 그곳에 가 계셨는데, 어머니께서 신경질환에 걸리셨던 것입니다. 나는 그 병이 위빳사나 명상으로 치유될 수 있다는 것을 알고 있었습니다. 그러나 인도에서 어머니에게 명상을 가르쳐줄 사람이 없었습니다. 위빳사나 명상법은 그것이 시작된 곳에서 이미 오래전에 사라졌던 것입니다. 그 이름조차 아는 사람이 없었습니다. 나는 인도로 여행할 수 있게 허락해 준 미얀마 정부에게 감사합니다. 그 당시에는 국민들을 다른 나라로 여행할 수 있도록 허락하는 게 흔한 일이 아니었습니다. 나는 인도로 갈 수 있게 허락해 준 인도 정부에도 감사합니다. 1969년 6월, 봄베이에서 첫 코스가 열렸습니다. 그 코스에는 부모님과 다른 열두 명의 학생이 참가했지요. 나는 부모님을 위해 봉사할 수 있어서 무척 운이 좋았습니다. 나는 담마를 가르쳐드림으로써 그분들의 깊은 은혜에 보답할 수 있었습니다.

인도에 온 목적을 이루고 나서, 나는 미얀마의 집으로 돌아가려 했습니다. 그러나 그 코스에 참가한 사람들은 한 번만 더, 또 한 번만 더 코스를 열어달라며 나에게 간청했습니다. 그들은 자신의 어머니·아버지·아내·남편·아이들·친구들을 위한 코스가 열리길 원했습니다. 그래서 두 번째 코스가 열리고, 세 번째, 네 번째, 이런 식으로 담마의 가르침이 퍼지기 시작했습니다.

1971년, 내가 보드가야Bodh Gaya에 있었을 때, 랑군Rangoon으로부터 스승님이 돌아가셨다는 전보를 받았습니다. 물론 그 소식은 정말 충격적이었습니다. 전혀 예상하지 못한 일이었고, 아주 슬픈 일이었습니다. 그러나 그분이 내게 주신 담마의 도움으로 나의 마음은 동요되지 않았습니다.

이제 내가 어떻게 이 성스러운 분, 사야지 우 바 킨 님의 은혜를 갚을 것인지 결정해야 했습니다. 부모님이 나를 인간으로 태어나게 해주셨으나, 나는 여전히 무지의 껍데기에 갇혀있었습니다. 이 훌륭한 분의 도움 덕분에 나는 그 껍데기를 깨고 나올 수 있었고, 내면의 실제를 관찰함으로써 진리를 발견할 수 있었습니다. 그뿐만 아니라 14년 동안 그분은 나를 담마 속에서 확고해지고 성장하도록 도와주셨습니다. 내가 떠올릴 수 있는 유일한 방법은 그분이 가르쳐주신 것을 실천하고, 담마의 삶을 사는 것이었습니다. 이것이 그분에게 존경을 표할 바른 방법이었습니다. 그리고 내가 할 수 있는 최대한의 순수한 마음, 사랑과 자비를 계발하고 남은 생을 다른 이들을 위해 봉사하는 데 바치기로 굳게 결심했습니다. 이것이 그분께서 내게 바라신 것이기 때문이었습니다.

그분은 붓다의 시대로부터 25세기가 지나면, 담마가 그것이

탄생한 나라로 돌아가, 그곳으로부터 세계로 퍼질 것이라는 미얀마의 오래된 믿음에 대해 자주 언급하시곤 했습니다. 이 예언이 현실이 되어 인도에 가서 위빳사나 명상을 가르치는 것이 그분의 바람이었습니다. 그분은 이렇게 말씀하시곤 했습니다. "25세기가 지났으니, 위빳사나의 시대가 왔다! 위빳사나의 시계 소리가 울렸다!" 아쉽게도 그분은 말년에 정치적 상황 때문에 외국으로 나갈 수 없었습니다. 내가 1969년 인도로 갈 수 있는 허가를 받자, 그분은 매우 기뻐하며 이렇게 말씀하셨습니다. "고엔카, 자네가 가는 게 아니야! 내가 가는 걸세!"

처음에는 그 예언이 그저 종교적 믿음에 불과하다고 생각했습니다. 왜 하필 25세기가 지나서 일어나야 합니까? 그보다 더 빨리 일어날 수 있지 않습니까? 그러나 나는 인도에 와서는 깜짝 놀랐습니다. 내가 그 넓은 나라에서 아는 사람들은 백 명도 채 안 되었는데, 다양한 배경과 종교, 단체에서 수천 명의 사람이 찾아오기 시작했습니다. 인도뿐만 아니라 많은 다른 나라에서도 수천 명이 찾아오기 시작했습니다.

어떤 일도 아무 이유 없이 일어나지 않는다는 것이 명백해졌습니다. 그냥 코스에 참가하러 오는 사람은 아무도 없습니다. 그들 중 누군가는 과거에 한 훌륭한 행동 때문에, 그 결과로 담마의 씨앗을 받을 기회를 얻게 되었습니다. 또 다른 이들은 이미 그 씨앗을 받았고, 그것이 자라는 것을 돕기 위해 왔습니다. 씨앗을 받으러 왔든·이미 받은 씨앗을 키우러 왔든, 여러분의 행복을 위하여, 여러분의 이익을 위하여, 여러분의 해탈을 위하여, 계속 담마 속에서 성장하십시오. 그러면 그것이 어떻게 다른 사람도 돕기 시작하는지 발견할 것입니다. 담마는 여러분과 모두에게 유익한 것입니다.

온 세상의 고통받는 사람들이 이 평화의 길을 찾기를 바랍니다. 그들 모두가 그들의 고통과 속박·족쇄·구속으로부터 풀려나기를 바랍니다. 그들이 그들 마음속 모든 더러움과 불순물을 없애기를 바랍니다.

이 우주의 모든 존재가 행복하기를 바랍니다.

모든 존재가 평화롭기를 바랍니다.

모든 존재가 해탈하기를 바랍니다.

부록 A

붓다의 가르침 안에서
웨다나의 중요성

붓다의 가르침은 자신에 대한 인식을 자기변화의 방법으로 사용하는 체계입니다. 자기 본성의 실제를 경험적 이해를 통해 얻음으로써, 우리는 잘못된 행동을 하거나 스스로를 불행하게 만드는 원인을 제거할 수 있습니다. 우리는 실제에 따라 행동하는 법을 배워서 건설적이고 유익하고 행복한 삶을 살게 됩니다.

"알아차림의 확립에 관한 법문"인 〈사띠빳타나 숫따 Satipaṭṭhāna Sutta〉를 보면, 붓다는 자기관찰을 통해 자신에 대한 인식을 계발하는 실질적인 방법을 설명합니다. 이 방법이 위빳사나 명상입니다.

자신의 실제를 관찰하려고 하는 모든 시도는 '나'라고 부르는 것이 두 가지 측면을 가지며, 그것은 물질과 정신, 몸과 마음이라고 바로 밝혀냅니다. 우리는 두 가지 모두를 관찰하는 법을 배워야 합니다. 그러나 어떻게 해야 몸과 마음의 실제를 정말 경험할 수 있습니까? 다른 사람의 설명으로는 부족합니다. 지적인 이해만으로도 불가능합니다. 둘 다 자아탐구에는 도움이 될지 몰라도, 우리 각자가 스스로 직접 실제를 탐구하고 경험해야 합니다.

우리는 몸의 실제를 몸에서 일어나는 물리적 감각들을 느껴서 경험합니다. 눈을 감고 있어도 손이나 몸의 다른 부분이 존재함을 압니다. 우리가 그것을 느낄 수 있기 때문입니다. 책에 겉표지가 있고 내용이 있듯이, 육체구조에는 외부의 객관적 실제인 몸, 즉 **까야**kāya가 있고, 내부의 주관적 실제인 감각, 즉 **웨다나**vedanā가 있습니다. 우리가 책 속의 모든 단어를 읽어서 그 내용을 이해하는 것처럼, 우리는 감각들을 느껴서 신체를 경험합니다. 감각의 알아차림 없이는 육체구조를 직접 이해할 수 없습니다. 이 두 가지는 서로 뗄 수 없습니다.

비슷하게 정신구조는 형태와 내용으로 나눌 수 있습니다. 마음, 즉 **찟따**citta와 그 마음에서 일어나는 것, 즉 **담마**dhamma, 모든 생각, 감정, 기억, 소망, 공포 등 모든 정신작용이 그것입니다. 몸과 감각을 분리해서 경험할 수 없듯이, 마음과 마음속 내용을 분리해서 관찰할 수 없습니다. 그러나 마음과 물질은 또한 밀접하게 연결되어 있습니다. 한쪽에서 일어나는 일은 다른 한쪽에도 반영됩니다. 이것이 붓다가 이룬 가장 중요한 발견이며, 그의 가르침에서 가장 핵심적인 것입니다. 그는 이렇게 말했습니다. "마음에서 일어나는 것은 모두 감각을 동반한다."* 그러므로 감각 관찰은 존재 전체를 육체와 정신 두 가지 면에서 탐구하는 방법입니다.

모든 인간에게는 다음 네 가지 차원의 실제가 존재합니다. 몸과 감각의 물질 측면과 마음과 그 내용의 정신 측면입니다. 이것들은 〈사띠빳타나 숫따〉의 네 가지 분류, 즉 알아차림을 훈련하는 네 가지 길, 인간 현상들을 관찰하기 위한 네 가지 관점이 됩니다. 이 네 가지 모두는 웨다나를 관찰하면 경험할 수 있습니다.

이런 이유로 붓다는 특히 웨다나를 알아차리는 것의 중요성을 강조했습니다. 붓다의 중요한 경전 중 하나인 〈브라마잘라 숫따Brahmajāla Sutta〉에서 그는 이렇게 말합니다. "깨달은 자는 감각들이 일어나고 사라지는 것, 그것들의 탐닉, 그것들의 위험, 그것들로부터의 해방을 있는 그대로 보고, 모든 집착으로부터 풀려나 자유롭다."** 붓다는 웨다나의 알아차림이 네 가지 성스러운 진리를 이해하기 위해 꼭 필요하다고 말했습니다. "나는 감각을 경험하는 자에게 고통이란 무엇이며, 고통의 원인, 고통의 소멸, 그리고 고통의 소멸로 이끄는 길을 보여준다."***

웨다나란 정확히 무엇일까요? 붓다는 이것을 여러 방식으

•   《앙굿따라 니까야》VIII. ix. 3 (83), 〈물라까 숫따Mūlaka Sutta〉. 그리고 《앙굿따라 니까야》 IX. ii. 4 (14), 〈사밋디 숫따Samiddhi Sutta〉도 볼 것.
••   《디가 니까야》 I.
••• 《앙굿따라 니까야》III. vii. 61 (ix), 〈떳타야따나 숫따Titthāyatana Sutta〉.

로 설명했습니다. 그는 웨다나를 마음을 구성하는 네 가지 과정 (Chapter 2를 볼 것) 중의 하나에 포함했습니다. 그러나 명확히 설명하자면, 그는 웨다나가 정신적·물질적 면을 다 갖고 있다고 했습니다.* 마음이 없으면 물질 자체는 아무것도 느낄 수 없습니다. 예를 들어, 시체에는 감각이 존재하지 않습니다. 마음이 느끼는 것입니다. 그러나 마음이 느끼는 것은 물질요소와 뗄 수 없는 관계입니다.

이 물질요소는 붓다의 가르침을 수행하는 데 가장 중요한 것입니다. 이 수행의 목적은 삶의 흥망성쇠를 평정하게 대할 수 있는 능력을 우리 안에 계발하는 것입니다. 우리는 평정심을 유지하고 몸에서 일어난 일을 관찰하는 명상을 하면서, 그렇게 하는 법을 익힙니다. 이 평정심으로 우리는 맹목적으로 반응하는 습관을 끊고, 대신에 어떤 상황에서든 가장 유익한 결과를 가져오는 행동을 선택할 수 있습니다.

우리가 삶 속에서 경험하는 모든 것은 감각의 여섯 가지 문, 즉 다섯 개의 감각기관과 마음을 통과한 것들입니다. 그리고 인과의 사슬에 따르면, 이 여섯 가지 통로 중 한 곳에서라도 접촉이 일어나자마자, 어떤 정신적·육체적 현상과 마주치자마자 감각이 일어납니다. 우리 몸에서 일어나는 현상에 대해 주의를 기울이

• 《상윳따 니까야》XXXVI (II). iii. 22 (2), 〈앗타사따 숫따Aṭṭhasata Sutta〉.

지 않으면, 우리는 의식적 차원에서 감각을 알아차리지 못한 상태로 남아있습니다. 무지의 어둠 속에서, 그 감각에 대한 무의식적 반응이 일어납니다. 순간적인 좋고 싫음의 반응은 갈망과 혐오로 심화됩니다. 이 반응은 그것이 의식적 마음으로 침투하기 전에 수없이 반복되고 강화됩니다. 만약 명상가들이 의식에서 일어나는 일에만 중요성을 두면, 그 반응이 일어나 자신을 압도할 만한 힘을 충분히 기른 뒤에야 그 과정을 알아차리게 됩니다. 그들은 불필요하게 자신에게 어려움을 만들면서, 감각의 불꽃을 끄려고 하기 전까지 활활 타오르게 내버려둡니다. 그러나 만약 그들이 몸의 감각을 객관적으로 관찰하는 법을 배우면, 그 불꽃이 큰 화재를 일으키기 전에 자체적으로 타버리게 놓아둡니다. 육체적 측면에 중요성을 두면서, 그들은 웨다나가 일어나자마자 알아차리게 되고 어떤 반응도 일어나지 않게 막을 수 있습니다.

웨다나의 육체적 측면은 특히 중요합니다. 그것이 무상의 실제를 우리 몸으로 생생하고 명확하게 경험하게 해주기 때문입니다. 매 순간 변화는 일어나고 있습니다. 그것은 감각의 유희로 나타납니다. 계속 변하는 감각을 관찰하면 자신의 덧없는 본성을 깨닫게 됩니다. 이 깨달음 덕분에 그렇게 덧없는 것에 대한 집착이 허무한 것임이 명백해집니다. 따라서 아닛짜anicca를 직접 경험하면 자동적으로 초연함이 생깁니다. 이 초연함으로 우리는 새로운 갈망과 혐오의 반응이 일어나지 않게 막을 수 있을 뿐만 아니라, 반응하는 습관 자체도 제거할 수 있습니다. 이런 식으로 우리는 점차적으로 고통으로부터 마음을 자유롭게 합니다. 웨다나의 알아차림은 육체적 측면 없이는 불완전합니다. 그러므로 붓다는 신체 감각을 통해 무상함을 경험하는 것이 중요함을 계속 강조했습니다.

> 몸을 알아차리려고 계속 노력하는 자,
>
> 불건전한 행동을 삼가고 도덕적인 삶을 살려고 노력하는 자,
>
> 완전한 이해와 함께 알아차리는 그런 자들은
>
> 그들의 불순함에서 자유롭다.[*]

고통의 원인은 딴하tanhā, 즉 갈망과 혐오입니다. 이것은 보통 우리가 신체의 감각기관과 마음으로 접한 다양한 대상을 향해 갈망과 혐오의 반응을 일으키면서 나타나는 것처럼 보입니다. 그러나 붓다는 대상과 반응 사이에 숨겨진 사슬의 고리, 웨다나가 있음을 발견했습니다. 우리는 외부적 실제가 아닌 우리 내부 감각에 반응합니다. 우리가 갈망이나 혐오로 반응하지 않고 감각을 관찰하는 법을 배우면, 고통의 원인은 일어나지 않고 고통은 없어집니다. 그러므로 붓다의 가르침을 수행하기 위해선 웨다나를 반드시 관찰해야 합니다. 웨다나를 제대로 알아차리려면 몸에서 관찰해

● 〈담마빠다〉, XXI. 4 (293).

야 합니다. 몸의 감각을 알아차리면, 우리는 문제의 뿌리까지 꿰뚫고 들어가 그것을 제거할 수 있습니다. 우리는 스스로의 본성을 깊이 관찰할 수 있고 고통으로부터 우리를 해방시킬 수 있습니다.

붓다의 가르침 속에서 감각 관찰이 가장 중요함을 이해하면, 〈사띠빳타나 숫따〉에 대한 새로운 통찰을 얻을 수 있습니다.** 이 법문은 사띠빳타나, 즉 알아차림의 확립 목적을 다음과 같이 설명하면서 시작합니다. "존재의 정화, 슬픔과 비탄의 초월, 육체적·정신적 고통의 제거, 진리의 수행, 궁극적 실제의 직접 경험인 닙바나nibānna"*** 그러고 나서 간략하게 이 목표들을 어떻게 성취하는지 설명합니다. "여기 한 수행자가 몸 안의 몸을 관찰하면서, 감각 안의 감각을 관찰하면서, 마음의 내용 속 내용을 관찰하면서, 세상에 대한 갈망과 혐오를 내려놓고 완전한 이해와 알아차림으로 열심히 명상한다."****

"몸 안의 몸을 관찰하면서, 감각 안의 감각을 관찰하면서" 등의 문구는 도대체 무슨 뜻일까요? 위빳사나 명상가에게 이 표현은 아주 명백합니다. 몸·감각·마음·생각은 인간의 네 가지 차원입니

●● 〈사띠빳타나 숫따〉는《숫따 삐따까Sutta Pitaka》에서 두 번 나타나는데,《디가 니까야》22와 《맛지마 니까야》10이다. 담마누빳사나dhammānupassanā에 대해 논의하는 부분은《디가 니까야》버전이《맛지마 니까야》버전보다 길다. 따라서《디가 니까야》의 글은 '더 큰' 〈마하-사띠빳타나 숫딴따Mahā-Satipaṭṭhāna Suttanta〉로 일컬어진다. 한편 두 글은 동일하다. 이 작품에서 인용된 구절은 두 경에서 같은 형태이다.

●●● 〈사띠빳타나 숫따〉.

●●●● 앞의 책, 같은 곳.

다. 이것을 정확히 이해하려면 각자가 자신의 실제를 직접 경험해야 합니다. 이 경험을 직접 하려면 명상가는 반드시 두 가지 자질인 알아차림, 즉 **사띠** sati와 완전한 이해, 즉 **삼빠잔냐** sampajañña를 계발해야 합니다. 이 법문은 '알아차림의 확립'이라고 불립니다. 자신의 본성과 '나'라고 하는 존재의 무상함에 대한 깊은 이해와 통찰 없이는, 이 알아차림은 불완전한 것입니다. 사띠빳타나 수행을 통해 명상가들은 그들이 본질적으로 덧없는 성질을 지님을 깨닫게 됩니다. 이 개인적 깨달음이 오면 알아차림이 확고해집니다. 이는 해탈로 향하는 바른 알아차림입니다. 외부세계를 향한 갈망과 혐오뿐만 아니라, 자신의 몸과 마음에 대한 무의식적이고 본능적인 집착에 빠져 가장 놓치기 쉽고 가장 깊이 뿌리박혀 있는 자신 내부를 향한 갈망과 혐오도 자동적으로 사라집니다. 이 숨겨진 집착이 존재하는 한, 고통에서 자유로워질 수 없습니다.

"알아차림의 확립에 관한 법문"은 일단 몸의 관찰에 대해 설명하고 있습니다. 몸은 정신과 육체 구조에서 가장 두드러진 부분이며, 따라서 자기관찰을 시작하기에 적절한 지점입니다. 여기서부터 감각의 관찰·마음의 관찰·마음속 내용의 관찰이 자연히 일어납니다. 이 법문은 몸을 관찰하는 여러 방법에 대해 설명합니다. 첫 번째 방법이자 가장 많이 알려져 있는 방법은 호흡 알아차리기입니다. 또 다른 방법은 몸의 움직임에 주의 기울이기로 시작하는 것입니다. 그러나 이 여정이 어떻게 시작하든, 최종 목적지에 도달하려면 반드시 통과해야 하는 특별한 단계들이 있습니다. 그것들은 이 법문의 가장 중요한 단락에 설명되어 있습니다.

> 이런 식으로 그는 몸 안에서 몸을 내부에서, 혹은 외부에서, 또는 내외부에서 함께 관찰하며 머문다. 그는 몸에서 일어나는 현상을 관찰하며 머문다. 그는 몸에서 사라지는 현상을 관찰하며 머문다. 그는 몸에서 일어나고 사라지는 현상을 관찰하며 머문다. 이제 '이것이 몸이다'라는 알아차림이 생긴다. 이 알아차림은 이해와 관찰만 남는 수준까지 발전되고, 그는 세상의 어느 것에도 집착하지 않고 초연하게 머문다.●

이 부분이 매우 중요함은, 이 부분의 내용이 몸의 관찰에 대한 법문의 모든 부분의 마지막에서 반복되는 것뿐만 아니라, 그다음에 나오는 감각의 관찰·마음의 관찰·마음 내용의 관찰에 대한 법문에서도 반복되는 것을 보면 알 수 있습니다. (뒤의 세 가지를 설명할 때, '몸'이란 단어는 각각 '감각', '마음', '마음속 내용'으로 바뀝니다.) 그러므로 이 부분은 사띠빳타나 수행에서 공통되는 내용을 설명하고 있습니다. 그것이 나타내는 어려움 때문에 여러 가지 뜻으로 해석되어 왔습니다. 그러나 감각의 알아차림과 관련하여 그 문구

● 앞의 책, 같은 곳.

를 이해할 때, 어려움은 사라집니다. 사띠빳타나를 수행하면서 명상가들은 자신들의 본성에 대한 포괄적인 통찰력을 얻어야 합니다. 감각의 관찰과 인간 현상의 세 가지 다른 차원의 관찰이 광범위한 통찰력을 얻게 해주는 도구들입니다. 그러므로 시작은 다를지 몰라도 어느 지점을 지나면, 그 수행은 감각의 알아차림이 꼭 필요합니다.

더 나아가 그 문구는 이렇게 설명합니다. 명상가들은 몸의 내부에서 또는 외부, 즉 몸의 표면에서 혹은 두 곳에서 동시에 일어나는 감각을 관찰하면서 시작합니다. 즉 명상가들은 감각의 알아차림을 어떤 부분에서는 느끼고 어떤 부분에서는 느끼지 못하는 단계에서 점점 몸 전체에서 감각을 느끼는 능력을 계발하게 됩니다. 그들이 명상을 시작하면 처음에는 아마 강한 성질의 감각들을 경험하게 될 것인데, 이것들은 일어나서 잠시 지속되는 것처럼 보입니다. 명상가들은 그것들이 일어나는 것을 알아차리고, 시간이 좀 지나면 그것들이 소멸하는 것을 알아차립니다. 이 단계에서 그들은 여전히 몸과 마음의 실제, 통합되어 있고 견고하며 지속될 것처럼 보이는 성질의 실제를 관찰합니다. 그러나 계속 수행하면서 그 견고함이 자연적으로 용해되는 단계에 도달하게 되고, 매 순간 일어났다 사라지는 진동의 집합체인 몸과 마음의 본성을 경험하게 됩니다. 이제 이 경험 때문에 명상가는 결국 몸·감각·마음·마음 속 내용이 진정 무엇인지 이해합니다. 그것은 인간의 의지와는 상관없는, 항상 변하는 현상의 흐름입니다.

몸과 마음의 궁극적 진리의 이 직접적 이해는 그 사람의 환상과 착각, 선입관을 점차 산산이 부숩니다. 믿음이나 지적 연구로만 받아들였던, 심지어 옳은 개념들일지라도 그것을 경험함으로써 새로운 의미를 갖게 됩니다. 몸의 실제를 관찰하면서 점차 왜곡된 지각인 모든 조건화된 것이 제거되고, 오직 순수한 알아차림과 지혜만이 남습니다.

무지가 사라지면서 깊이 뿌리박힌 갈망과 혐오의 성향들이 제거되고, 명상가는 모든 집착, 자신의 몸과 마음의 내면세계에 대한 가장 깊은 집착으로부터 해방됩니다. 이 집착이 제거될 때, 고통은 사라지고 그 사람은 자유로워집니다.

붓다는 자주 말했습니다. "우리가 느끼는 것은 모두 고통과 연관되어 있다."* 그러므로 웨다나는 고통의 진리를 탐구하기 위한 이상적인 수단입니다. 불쾌한 감각은 당연히 고통입니다. 그러나 아무리 유쾌한 감각이라고 할지라도 그 또한 아주 미세한 동요의 형태입니다. 모든 감각이 무상합니다. 우리가 유쾌한 감각에 대한 집착을 가지면, 그것들이 사라지면 고통이 남습니다. 그러므로 모든 감각이 고통의 씨앗을 갖고 있습니다. 이런 이유로, 고통을 멈추는 곳으로 이끄는 길을 설명할 때, 붓다는 웨다나가 일어나는 곳으로

•　《상윳따 니까야》 XII. iv. 32 (2), 〈깔라라 숫따Kalāra Sutta〉.

가는 길과 그것이 일어나지 않는 길을 설명했습니다.* 조건화된 영역 안에 갇혀있는 한, 마음과 물질의 감각과 고통은 계속 존재합니다. 그것들은 닙바나의 궁극적 실제를 경험하기 위해 그 영역을 초월해야만 없어집니다. 붓다는 이렇게 말했습니다.

> 담마에 대해 많이 말한다고 해서
>
> 그가 담마를 진정 실천하는 삶을 사는 것은 아니다.
>
> 그러나 담마를 들은 적이 없다 해도,
>
> 자기 몸을 통해 자연의 법칙을 본다면,
>
> 그가 진정 담마의 삶을 사는 자이며,
>
> 담마를 절대 잊어버리지 않는다.**

우리 자신의 몸이 진리의 목격자입니다. 명상가가 몸으로 진리를 경험하면, 그것은 그들에게 참된 진리가 되며, 그들은 그 진리와 일치하는 삶을 살게 됩니다. 우리는 몸의 감각을 관찰하는 법을 배워 그 진리를 깨달을 수 있고, 그렇게 함으로써 고통으로부터 자유를 얻게 됩니다.

---

* 《상윳따 니까야》XXXVI (II). iii. 23 (3), 〈안냐따라 빅쿠 숫따Aññatara Bhikkhu Sutta〉.
** 〈담마빠다〉, XIX. 4 (259).

●

부록 B

경전에서 웨다나에 관한
경구들

붓다는 그의 법문에서 감각의 알아차림의 중요성에 대해 자주 언급했습니다. 아래는 그에 대한 경구들을 모은 것입니다.

하늘에는 여러 바람이 분다. 동쪽에서 서쪽으로 부는 바람, 서쪽에서 동쪽으로 부는 바람, 흙먼지가 가득하거나 깨끗한 바람, 차갑거나 뜨거운 바람, 거친 강풍이나 부드러운 산들바람, 이렇게 다양한 바람이 분다. 이와 같이 몸에서도 유쾌한 감각, 불쾌한 감각, 아무렇지도 않은 감각이 일어난다. 명상가가 열심히 수행하여 완전한 이해, 즉 삼빠잔냐sampajañña의 능력을 부지런히 연마하면, 그런 지혜로운 사람은 감각을 완전히 이해한다. 감각들을 완전히 이해하고 있으므로, 그는 이번 생의 모든 불순물로부터 벗어난다. 담마 속에 확고히 자리 잡고 감각을 완벽히 이해하는 사람은 그 삶이 끝날 때, 조건화된 세계를 초월하여 말로 설명할 수 없는 단계에 이르게 된다.

- 《상윳따 니까야》, XXXVI (II). ii. 12 (2),

〈빠딴마 아까사 숫따Paṭhanma Ākāsa Sutta〉

그러면 어떻게 수행자가 몸속의 몸을 관찰하며 머무는가? 이때 명상가는 숲, 나무 아래 또는 인적이 드문 곳으로 간다. 그곳에서 몸을 곧게 세우고 가부좌를 하고 앉아 입가에 주의를 고정한다. 호흡을 알아차리면서 들이쉬고 내쉰다. 숨을 길게 들이마시면, '나는 숨을 길게 들이쉬고 있다'고 바르게 알아차린다. 숨을 짧게 들이마시면, '나는 숨을 짧게 들이쉬고 있다'고 바르게 알아차린다. 숨을 길게 내쉬면, '나는 숨을 길게 내쉬고 있다'고 바르게 알아차린다. 숨을 짧게 내쉬면, '나는 숨을 짧게 내쉬고 있다'고 바르게 알아차린다. '나는 온몸을 느끼면서 숨을 들이마신다.' 그는 이처럼 수련한다. '나는 온몸을 느끼면서 숨을 내쉰다.' 그는 이처럼 수련한다. '몸의 활동이 고요해짐과 함께 나는 숨을 들이마신다.' 그는 이렇게 수련한다. '몸의 활동이 고요해짐과 함께 나는 숨을 내쉰다.' 그는 이렇게 수련한다.

- 《디가 니까야》, 22/《맛지마 니까야》, 10,

〈사띠빳타나 숫따Satipaṭṭhāna Sutta〉, 아나빠나-빱밤Ānāpāna-pabbaṃ

수행자의 몸에서 유쾌한 감각, 불쾌한 감각, 유쾌하지도 불쾌하지도 않은 감각이 일어나면, 수행자는 이렇게 이해한다. "유쾌한 감각, 불쾌한 감각, 유쾌하지도 불쾌하지도 않은 감각이 내 몸에서 일어났다. 그것은 어떤 것에 기반을 두고 있다. 기반이 없는 것은 아니다. 무엇을 기반으로 하는가? 바로 이 몸이다." 이처럼 그는 몸에서 일어나는 감각의 무상한 본성을 계속 관찰한다.

－《상윳따 니까야》, XXXVI (II). i. 7,

〈빠타마 겔란냐 숫따Pāthama Gelañña Sutta〉

위빳사나 명상가는 다음을 이행한다. "내 속에서 이 유쾌하거나 불쾌하거나 유쾌하지도 불쾌하지도 않은 느낌이 일어났다. 이것은 상황에 따라 변하는 거친 성질들로 이루어져 있다. 그러나 정말 존재하는 것, 가장 훌륭한 것은 평정심이다." 유쾌하거나 불쾌하거나 유쾌하지도 불쾌하지도 않은 경험이 일어나도 그것들은 사라지고 평정심이 남는다.

－《맛지마 니까야》, 152,

〈인드리야 바와나 숫따Indriya Bhāvanā Sutta〉

감각에는 세 가지 종류의 감각, 유쾌하거나 불쾌하거나 유쾌하지도 불쾌하지도 않은 감각이 있다. 세 가지 모두 무상하고, 견고하며, 환경에 따라 쉽게 무너지고, 쇠퇴하며, 사라지고 멈춘다. 이 실

부록 B

제를 보면서, 이 성스러운 길을 따르는 잘 안내받은 수행자들은 유쾌하거나 불쾌하거나 유쾌하지도 불쾌하지도 않은 감각에 대해 평정하다. 평정심을 계발함으로써 그는 집착하지 않는다. 무집착을 계발함으로써 그는 해탈한다.

-《맛지마 니까야》, 74,

〈디가나카 숫따 Dighanakha Sutta〉

만약 위빳사나 명상가가 몸에서 유쾌한 감각의 무상한 성질을 계속 관찰하면, 그것은 약해지고 서서히 사라져 없어진다. 또한 그런 감각에 대한 자신의 집착을 포기하는 것도 계속 관찰하면, 몸에서 일어나는 유쾌한 감각들을 향한 깊이 뿌리박힌 갈망의 조건화가 제거된다. 그가 몸에서 일어나는 불쾌한 감각의 무상함을 계속 관찰하면, 몸에서 일어나는 감각에 대한 깊이 뿌리박힌 혐오의 조건화가 제거된다. 그가 몸에서 일어나는 유쾌하지도 불쾌하지도 않은 감각의 무상함을 계속 관찰하면, 몸에서 일어나는 유쾌하지도 불쾌하지도 않은 감각들에 대한 깊이 뿌리박힌 무지의 조건화가 제거된다.

-《상윳따 니까야》, XXXVI (II). i. 7,

〈빠타마 겔란냐 숫따〉

유쾌한 감각을 갈망하고, 불쾌한 감각을 혐오하며, 유쾌하지도 불쾌하지도 않은 감각에 대해서는 무지한 깊이 뿌리박힌 조건화가 제거되면, 그 명상가는 깊이 뿌리박힌 조건화로부터 완전히 자유로운 자, 진리를 본 자, 모든 갈망과 혐오를 만들어내지 않는 자, 모든 속박에서 풀려난 자, 자아ego의 실체 없음을 완전히 깨달은 자, 고통을 없앤 자이다.

-《상윳따 니까야》, XXXVI (II), i. 3,

〈빠하나 숫따Pahāna Sutta〉

실제를 있는 그대로 보는 것이 그의 바른 이해가 된다. 실제를 있는 그대로 생각하는 것이 그의 바른 생각이 된다. 있는 그대로의 실제를 알아차리는 것이 바른 알아차림이 된다. 있는 그대로의 실제에 집중하는 것이 그의 바른 집중이 된다. 그의 행동과 말, 생계 방식이 순수하게 정화된다. 그러므로 여덟 가지 성스런 길이 그 안에서 발전과 성취를 향해 나아간다.

-《맛지마 니까야》, 149,

〈마하-살라야따니까 숫따Mahā-Saḷāyatanika Sutta〉

여덟 가지 성스런 길을 부지런히 걷는 이들은 노력하고 계속 정진하면서 주의가 깊어지고, 주의가 깊어짐으로써 집중하게 되며, 계속 집중을 유지함으로써 바른 이해를 하게 되고, 바른 이해는 진정한 믿음을 계발하며 자신이 아는 것에 대한 확신을 준다. "내가 예

전에 들었던 진리들을 이제 내 몸으로 직접 경험하고 있고, 나는
그것들을 예리한 통찰력을 가지고 관찰하고 있다."

－《상윳따 니까야》, XLVIII (IV). v. 10 (50),

〈아빠나 숫따Āpana Sutta〉

(사리뿟따가 한 말, 붓다의 최고 제자)

옮긴이의 말

오늘날 많은 사람은 물질적 성공을 얻기 위해 다른 이들과 경쟁하면서 걱정, 불안, 공포, 우울, 분노와 같은 부정적인 감정에 노출되어 있습니다. 자신이 원하는 것을 얻기 위해 남을 밟고 올라서야만 한다는 이러한 경쟁 심리는 다른 사람뿐만 아니라 자기 스스로에게 해를 가하게 됩니다. 당연히 이러한 개인의 부정성들은 사회적인 문제로 곧잘 이어지기 마련이며, 해가 갈수록 그 수는 늘어나고 있습니다.

개인이 건강하고 행복해야 사회도 건강하고 행복해질 수 있습니다. 그렇다면 어떻게 개인이 건강하고 행복할 수 있을까요?《고엔카의 위빳사나 명상》은 일상에서 겪게 되는 불행과 괴로움으로부터 벗어나고자 하는 이들에게 그 길을 안내하는 책입니다. 여기서 위빳사나는 비종파적이고 보편적인 가르침으로, 인간이 겪는 고통의 근본 원인이 무엇이고 고통으로부터 벗어나 진정한 자유를 얻기 위해서는 어떻게 해야 하는지 구체적으로 그리고 실천적으로 제시하고 있습니다. 이러한 가르침은 어떠한 비밀 없이 모든 이에게 공개되어 있으며, 이 가르침을 얻고자 하는 이들에게 '와서 보라'고 하면서 자석처럼 끌어당깁니다.

2001년 한국에 처음 위빳사나가 소개된 이후, 사단법인 담마코리아는 지금의 센터가 있기 전까지 여러 다른 장소를 빌려 위빳사나 명상 코스를 진행해 왔으며, 2013년 전라북도 진안군에 센터를 설립하여 담마로부터 혜택을 얻고자 하는 많은 사람이 더 나은 환경에서 코스에 참가할 수 있게 하였습니다. 이 명상 코스는 참가비가 없으며 음식이나 숙식도 무상입니다. 모든 비용은 위빳사나 코스를 마치고 그 혜택을 경험한 수련생들이, 다른 이들도 이 명상의 혜택을 받기 바라며 내는 기부금으로 충당됩니다.

담마코리아 진안센터의 위빳사나 명상 코스는 전 세계 170여개 정규센터와 많은 비정규센터에서 진행하는 똑같은 명상법과 규율, 시간표대로 진행됩니다. 가르침은 기본적으로 한국어와 영어로 진행되며, 세계 각국에서 온 참가자들이 그들의 모국어로 가르침을 들으며 코스에 참가할 수 있는 시설이 마련되어 있습니다.

본문에도 나와 있듯이, 이 책을 위빳사나 명상의 수행서로 삼아서는 안 됩니다. 이 책은 위빳사나 명상과 이 명상이 우리에게 필요한 이유, 이 명상의 원리 등을 설명한 것으로, 위빳사나 명상 수행자가 더 나은 명상을 하는 데에 도움을 주기 위한 도구이자 위빳사나 명상을 처음 접하는 분들에게 소개하는 정도에 그칠 뿐입니다. 여러분이 이 책을 읽고 위빳사나 명상을 해보고 싶다면, 담마코리아의 위빳사나 명상 코스에 참가하십시오.

이미 전 세계 24개국 이상의 언어로 번역·출간된 바 있는 이 책은 고엔카 선생님의 가르침이 한국어로 공식 출간된 첫 책입니다. 종파에 속하지 않는 이 명상법의 특성을 살리고 독자들이 만에 하나 종교적인 편견을 갖지 않게 하기 위해서 최대한 종교적인 용어는 배제하고 일상적인 용어로 풀었습니다. 또한 독자들이 고엔카 선생님으로부터 직접 가르침을 받는 느낌을 받을 수 있도록 전체적으로 구어체를 사용하였습니다.

위빳사나 명상법의 이론적 배경을 붓다의 경전에서 찾아서 정리를 하고, 고엔카 선생님 특유의 지혜와 재치가 담긴 질의응답을 적소에 배치하여 위빳사나 명상에서 우리의 출발점과 목표점을 확실히 안내한 이 책의 저자 윌리엄 하트 선생님께 깊이 감사드립니다. 그리고 직간접적으로 번역에 참여한 분들, 김영사의 편집자 분들에게도 감사드립니다.

이 책을 통해 더 많은 이들이 불행에서 행복으로 개종할 수 있기를 바랍니다.

－담마코리아 번역 위원회

옮긴이의 말

빠알리 용어사전

이 목록은 이 책에 나오는 빠알리 용어뿐만 아니라 붓다의 가르침에서 중요한 다른 용어도 포함하고 있습니다.

Ānāpāna아나빠나: 숨, 호흡. Ānāpāna-sati아나빠나-사띠는 호흡 알아차리기를 뜻한다.

Anattā아낫따: 자아 없음, 본질 없음, 실체 없음. anicca아닛짜, dukkha둑카와 함께 현상의 세 가지 기본 특성 중의 하나이다.

Anicca아닛짜: 영원하지 않음, 덧없음, 변화. anattā아낫따, dukkha둑카와 함께 현상의 세 가지 기본 특성 중의 하나이다.

Anusaya아누사야: 무의식적인 마음. 잠재적이고 근저에 깔려있는 조건화, 잠자고 있는 마음의 부정성(anusaya-kilesa아누사야-낄레사).

Arahant/arahat아라한/아라핫: 해탈한 사람, 마음의 모든 더러움을 파괴한 자.

Ariya아리야: 거룩한 자, 성스러운 자. 궁극적인 실상(nibbāna님바나)을 경험한 지점까지 마음을 정화한 자.

Ariya aṭṭaṅgika magga아리야 앗땅기까 막가: 괴로움에서 자유로움으로 이끄는 여덟 가지 성스런 길. 즉 팔정도. 세 가지 훈련으로 나누어진다. 즉,

1. sīla실라: 도덕성, 말과 몸으로 하는 행동의 깨끗함.

   (1) sammā-vācā삼마-와짜: 바른말.

   (2) sammā-kammanta삼마-깜만따: 바른 행동.

   (3) sammā-ājīva삼마-아지와: 바른 생계 수단.

2. samādhi사마디: 집중, 자기 마음을 제어함.

   (1) sammā-vāyāma삼마-와야마: 바른 노력.

   (2) sammā-sati삼마-사띠: 바른 알아차림.

   (3) sammā-samādhi삼마-사마디: 바른 집중.

3. paññā빤냐: 지혜, 마음을 완전히 깨끗이 하는 통찰.

   (1) sammā-saṅkappa삼마-상깝빠: 바른 생각.

   (2) sammā-diṭṭhi삼마-딧티: 바른 이해.

Ariya sacca아리야 삿짜: 성스런 진리. 네 가지 성스런 진리, 즉 사성제는 (1) 괴로움이라는 진리, (2) 괴로움의 원인이라는 진리, (3) 괴로움의 소멸이라는 진리, (4) 괴로움의 소멸로 이끄는 길이라는 진리이다.

Bhaṅga방가: 용해. 위빳사나 수행에서 중요한 단계. 몸의 분명한 단 단함이 분해되어, 지속적으로 일어나고 사라지는 미세한 진동으 로 바뀌는 경험.

Bhāvanā바와나: 마음의 계발, 명상. bhāvanā는 두 가지로 구분된다.

  1. samatha-bhāvanā사마타-바와나: 고요함의 계발. 마음의 집중 (samādhi사마디)과 일치. 마음 몰입의 상태로 이끈다.

  2. vipassanā-bhāvanā위빳사나-바와나: 통찰의 계발. 지혜(paññā빤냐) 와 일치. 해탈로 이끈다.

Bhāvanā-mayā paññā바와나-마야 빤냐: 경험으로 얻은 지혜. paññā를 보라.

Bhikkhu빅쿠: 비구 스님, 명상가. 여성형, 즉 비구니 스님은 Bhikkhunī빅쿠니이다.

Buddha붓다: 깨달은 자. 해탈로 가는 길을 찾고, 그 길을 수행하며, 자신의 노력으로 목표에 이른 자.

Cintā-mayā paññā찐따-마야 빤냐: 지적인 이해로 얻은 지혜. paññā 를 보라.

Citta찟따: 마음. Cittānupassanā찟따누빳사나는 마음의 관찰을 뜻한다. satipaṭṭhāna를 보라.

Dhamma담마: 현상, 마음의 대상, 자연, 자연의 법칙, 해탈의 법 칙, 즉 깨달은 자의 가르침. dhammānupassanā담마누빳사나는 마 음 내용의 관찰을 뜻한다. satipaṭṭhāna를 보라. (산스크리트어로는

dharma다르마)

Dukkha둑카: 괴로움, 불만족. anicca아닛짜, anattā아낫따와 함께 현상의 세 가지 기본 특성 중의 하나이다.

Gotama고따마: 역사적 인물인 붓다의 성씨. (산스크리트어로는 Gautama가우타마)

Hīnāyāna히나야나: 문자 그대로 '작은 수레'. 다른 전통에서 Theravāda테라와다 불교를 부르는 용어. 경멸의 의미를 지닌다.

Jhāna자나: 마음의 몰입 또는 무아 상태. samādhi사마디 또는 samatha-bhāvanā사마타-바와나를 수행하여 얻을 수 있는 여덟 가지의 그런 상태가 있다. 그러한 상태를 기르면 고요함과 행복을 가져오지만, 가장 깊이 박혀있는 마음의 더러움은 뿌리 뽑지는 못한다.

Kalāpa깔라빠: 물질을 구성하는 가장 작은 입자들.

Kamma깜마: 행위, 특히 스스로 한 행위로서 자신의 미래에 영향을 미침. (산스크리트어로는 karma카르마)

Kāya까야: 몸. Kāyānupassanā까야누빳사나는 몸의 관찰을 뜻한다. satipaṭṭhāna를 보라.

Mahāyāna마하야나: 문자 그대로 '큰 수레'. 붓다 이후 몇 세기가 지난 뒤 인도에서 발달한 불교의 형태로, 북쪽으로 퍼져 티베트, 몽골, 중국, 베트남, 한국, 일본까지 퍼졌다.

Mettā멧따: 사심 없는 사랑과 선의. 깨끗한 마음의 자질 중의 하나. Mettā-bhāvanā멧따-바와나는 명상 수행을 통해 mettā를 체계적으로 기르는 것을 뜻한다.

Nibbāna님바나: 소멸, 괴로움으로부터 자유로움, 궁극적 실상, 조건 지워지지 않음. (산스크리트어로는 nirvāṇa니르바나)

Pāli빠알리: 구절, 경전, 붓다의 가르침을 기록한 경전. 혹은 그 경전에 사용된 문자. 역사적·언어적·고고학적 증거는 pāli가 붓다 당시 북北인도에서 실제 상용된 언어였음을 보여준다. 이후에 경전은 전적으로 문학적인 언어였던 산스크리트어로 번역된다.

Paññā빤냐: 지혜. 여덟 가지 성스런 길을 수행하는 세 가지 훈련 중 세 번째(ariya aṭṭhaṅgika magga를 보라). 세 가지 지혜가 있다.

1. suta-mayā paññā수따-마야 빤냐: 들어서 얻은 지혜.

2. cintā-mayā paññā찐따-마야 빤냐: 지적인 이해로 얻은 지혜.

3. bhāvanā-mayā paññā바와나-마야 빤냐: 경험으로 얻은 지혜.

이 중에서 경험으로 얻은 지혜만이 마음을 완전히 정화할 수 있고, vipassanā-bhāvanā위빳사나-바와나를 수행하여 키울 수 있다.

Paṭicca samuppāda빠띳짜 사뭅빠다: 연기의 사슬, 원인의 발생. 어리석음으로 시작되는 과정으로서, 생을 거듭하여 자신에게 괴로움을 만든다.

Samādhi사마디: 집중, 마음의 통제. 여덟 가지 성스런 길을 수행하는 세 가지 훈련 중 두 번째(ariya aṭṭaṅgika magga를 보라). 그 자체를 목표로 수행할 때 마음 몰입의 상태(jhāna자나)를 얻게 하지만, 마음의 완전한 해탈로 이끌지는 않는다.

Sammā-sati삼마-사띠: 바른 알아차림. sati를 보라.

Sampajañña삼빠잔냐: 인간 현상 전체에 대한 이해, 즉 감각으로 그 것의 영원하지 않은 성질을 통찰함.

Saṃsāra삼사라: 다시 태어남의 되풀이. 조건 지워진 세계, 괴로움의 세계.

Saṅgha상가: 모임으로, nibbāna닙바나를 경험한 성스러운 자인 ariya 아리아의 공동체, 불교 스님들의 공동체, ariya-saṅgha아리아-상가, bhikkhu-saṅgha빅쿠-상가 또는 bhikkhuṇī-saṅgha빅쿠니-상가의 구 성원.

Saṅkhāra상카라: 마음의 형성, 의도적 행위, 마음의 반응, 마음의 조 건화. viññāṇa윈냐나, saññā산냐, vedanā웨다나와 함께 마음의 네 가지 집합 혹은 과정 중의 한 가지. (산스크리트어로는 samskhāra상스카라)

Saṅkhāra-upekkhā/saṅkhārupekkhā상카라-우뻬카/상카루뻬카: saṅkhāra 상카라에 대한 평정심. vipassanā위빳사나 수행의 단계에서 bhaṅga방 가의 경험 후에 무의식 속에서 잠자던 오래된 불순물이 마음의 표면으로 올라와 몸 감각으로 나타난다. 이 감각에 대해 평정심 (upekkhā우뻬카)을 유지함으로써 명상하는 사람은 새로운 saṅkhāra 를 만들어내지 않고 오래된 saṅkhāra가 사라지게 한다. 그래서 그 과정은 모든 saṅkhāra를 점차 소멸하도록 이끈다.

Saññā산냐: 지각, 인식. vedanā웨다나, viññāṇa윈냐나, saṅkhāra상카라와 함께 마음의 네 가지 집합 혹은 과정 중의 한 가지. 보통 자신의 과거 saṅkhāra에 의해 조건 지워져 실상을 왜곡된 이미지로 전달한다. vipassanā위빳사나 수행에서 saññā는 실상을 있는 그대로 이해하는 paññā빤냐로 바뀐다. 그것은 anicca-saññā아닛짜-산냐, dukkha-saññā둑카-산냐, anatta-saññā아낫따-산냐, asubha-saññā아수바-산냐로 바뀌는데, 그 뜻은 각각 영원하지 않음, 괴로움, 자아 없음, 물리적 아름다움의 허황된 성질에 대한 지각이다.

Sati사띠: 알아차림. Ānāpāna-sati아나빠나-사띠는 호흡 알아차림을 뜻한다. Sammā-sati삼마-사띠는 바른 알아차림으로, 여덟 가지 성스런 길의 구성요소이다(ariya aṭṭaṅgika magga를 보라).

Satipaṭṭhāna사띠빳타나: 알아차림의 확립. satipaṭṭhāna는 네 가지 서로 연관된 부분이 있다.

1. kāyānupassanā까야누빳사나: 몸의 관찰.

2. vedanānupassanā웨다나누빳사나: 몸에서 일어나는 감각의 관찰.

3. cittānupassanā찟따누빳사나: 마음의 관찰

4. dhammānupassanā담마누빳사나: 마음 내용의 관찰.

감각은 몸뿐만 아니라 마음과도 직접 연관되어 있기 때문에, 네 가지 모두 감각의 관찰을 포함한다.

Siddhattha싯닷타: 문자 그대로 '할 일을 끝낸 사람'. 역사적 인물인 붓다의 이름. (산스크리트어로는 Siddhārtha싯다르타)

Sīla실라: 도덕, 자신과 다른 사람들에게 해를 끼치는 육체적 · 언어적 행위를 삼감. 여덟 가지 성스런 길을 수행하는 세 가지 훈련

중 첫 번째(ariya aṭṭaṅgika magga를 보라).

Suta-mayā paññā수따-마야 빤냐: 들어서 얻은 지혜. paññā를 보라.

Sutta숫따: 붓다 또는 그의 주요 제자들이 한 법문. (산스크리트어로는 sūtra수뜨라)

Taṇhā딴하: 문자 그대로 '목마름'. 갈망과 그 반대인 혐오를 포함한다. 붓다는 그의 첫 가르침인 "담마의 바퀴를 굴리는 법문"인 〈담마-짝깝빠왓따나 숫따Dhamma-cakkappavattana Sutta〉에서 taṇhā가 괴로움의 원인이라고 밝혔다. 연기의 사슬에서 붓다는 감각에 대한 반응으로 taṇhā가 일어난다고 설명한다.

Tathāgata따타가따: 문자 그대로 '그렇게 감' 또는 '그렇게 옴'. 실상의 길을 걸어서 완전한 진리에 이른 사람, 즉 깨달은 사람을 뜻한다. 붓다가 일상적으로 자신을 일컬을 때 쓴 용어이다.

Theravāda테라와다: 문자 그대로 '웃어른들의 가르침'. 붓다의 가르침으로서, 남아시아 나라(미얀마, 태국, 스리랑카, 라오스, 캄보디아)에서 수세기 동안 보존된 형태를 뜻한다. 일반적으로 붓다 가르침의 가장 오래된 형태로 인정된다.

Tipiṭaka띠삐따까: 문자 그대로 '세 바구니'. 붓다 가르침의 세 모음집. (산스크리트어로는 Tripiṭaka트리피타카)

1. Vinaya-piṭaka위나야-삐따까: 율장, 수도 생활의 계율 모음집.

2. Sutta-piṭaka숫따-삐따까: 경장, 법문 모음집.

3. Abhidhamma-piṭaka아비담마-삐따까: 논장, 더 높은 가르침의 모

음집, 즉 담마에 관한 체계적이고 철학적인 해설서.

Vedanā웨다나: 느낌·감각. viññāṇa윈냐나, saññā산냐, saṅkhāra상카라와 함께 마음의 네 가지 집합 혹은 과정 중의 한 가지. 붓다는 마음과 몸에 관한 측면을 둘 다 가진다고 설명했다. 따라서 vedanā는 몸과 마음 전체를 검토하는 방법을 제공한다. 연기의 사슬에서 붓다는 taṇhā딴하가 괴로움의 원인이고 vedanā에 대한 반응으로 일어난다고 설명한다. vedanā를 객관적으로 관찰하는 것을 배움으로써, 갈망과 혐오의 새로운 반응을 피할 수 있고 anicca아닛짜의 실상을 직접 경험할 수 있다. 이 경험은 마음의 자유로 이끄는 무집착의 계발을 위해 꼭 필요하다. Vedanānupassanā웨다나누빳사나는 몸에서 감각을 관찰함을 뜻한다. satipaṭṭhāna를 보라.

Viññāṇa윈냐나: 의식, 인식. saññā산냐, vedanā웨다나, saṅkhāra상카라와 함께 마음의 네 가지 집합 혹은 과정 중의 한 가지.

Vipassanā위빳사나: 자기성찰, 마음을 깨끗이 하는 통찰. 특히 마음과 몸의 무상한 성질을 꿰뚫어 보는 것을 뜻한다. Vipassanā-bhāvanā위빳사나-바와나는 몸에서 일어나는 감각을 관찰함으로써 자신의 실상을 관찰하는 명상법을 통한 통찰의 체계적인 계발을 뜻한다.

Yathā-bhūta야타-부따: 문자 그대로 '있는 그대로'. 실상. Yathā-bhūta-ñāṇa-dassana야타-부따-나나-닷사나는 있는 그대로의 진리를 깨닫는 지혜를 뜻한다.